成功に奇策はいらない

アパレルビジネス最前線で僕が学んだこと

平山真也

英治出版

はじめに――低成長マインドを打ち破れ

「こんな環境の中で、どうして業績を伸ばし続けられるのですか?」

ワークカジュアルブランド「ディッキーズ(Dickies)」の経営に携わった10年間、業界紙や同業他社の方から、たびたびそう聞かれてきました。

近年、深刻なアパレル不況が叫ばれています。大手アパレル企業が次々に閉店やリストラを行い、一時は訪日外国人の「爆買い」の恩恵を享受した百貨店も再び低迷。2017年には苦境にあえぐ業界の実状を伝える『誰がアパレルを殺すのか』(杉原淳一・染原睦美著、日経BP社)という本がベストセラーになりました。

そんな中、僕が立ち上げを担って経営してきたディッキーズ・ジャパンは2011年の設立から一貫して成長を続け、2013年から社長を兼務した中国法人も大赤字の状態から追加投資を必要とせず2年半で黒字化、以後も右肩上がりで業績を伸ばしました。

２０１１年からの６年間、売上高は年平均45％で成長し続け、ほぼ10倍に。２０１７年の小売総額は約２７５億円（日本１７５億円、中国１００億円）に達しました。日中両国でディッキーズの服を支持してくれる人が急速に増えたのです。

不況の中で快進撃を続けるディッキーズに多くの業界関係者が驚き、その理由を知りたがりました。僕が最初にする答えはこうでした。

「成長をあきらめていないからです」

単純ですが、本心です。アパレルビジネスは成長できる。やるべきことをやれば、必ず伸びる。にもかかわらず、成長をあきらめている人（経営者層）があまりにも多い。それがアパレル不況の元凶と思えてならないのです。

業績不振を仕方ないと受け入れ、ろくに手も打たずに「環境が厳しいですなあ」などと呑気に語る経営者を見ると、僕は呆れるのを通り越して、その無責任さに怒りがわいてきます。自分の無能を環境のせいにして、社員や取引先の方々の生活と将来を危険にさらし、顧客と社会への貢献を怠っているのですから。

僕はそんな人たちがのさばるアパレル業界を変えたいと思っています。

アパレル業界に限りません。今の日本には、あきらめやネガティブな空気、悲観的な見方が蔓延していると感じます。

環境変化に対して本質的な手を打たず、その場しのぎで目先の利を追い、社員の疲弊を放置している経営者がいます。

本来やるべきことをせず、変化を妨げて既得権にしがみつく中高年層もいます。

一方では、低賃金で酷使され将来を描けない若者や、変わらない会社に不満を抱えたビジネスパーソンも大勢います。

日本は人口が減るから衰退するしかないとか、もはや経済成長は不要だといった、「反経済」「反成長」的な論調も見られます。貧困が増加していることは気にならないのか、あきらめているのか。経済成長なしに、増え続ける医療費をどう賄うのか。東京オリンピックや大阪万博についても、無駄や開催後を心配する声が多い割には、チャンスを活かそうという視点の話が少ないと感じます。

後ろ向きの話をする前に、やるべきことがあるのではないでしょうか。

アパレル業界の状況は、悲観的な見方が漂う日本社会のわかりやすい縮図です。だから僕は、この本をアパレル関係者だけでなく、広く一般の方向けに書くことにしました。

「環境が厳しい」と言うばかりの経営者や、「経済成長は要らない」と語る無責任な評論家にかまっている暇はありません。実際に社会を支えている、ごく普通の良識あるビジネスパーソンの方々に、あきらめる必要はないのだ、成長できるのだと伝えたくて、僕はこの本を書いています。

では、あきらめずに何をすればいいのでしょうか。

必ずしも特別なことではありません。僕がディッキーズの経営者として行ったことは、いわば「当たり前」のことばかりでした。本当です。

たとえば、戦略を十分に納得できるまで考え抜くこと。

ディッキーズがどんなブランドであるべきなのかを明確にし、それを守ること。

社員の貢献にしっかりと報いること。

お客様の目線に立って魅力的な店舗をつくること。……

しかし実際は、このような一見当たり前のことができていない会社がとても多いのです。実行できない、続けられない、徹底できない。そのため成果につながらない。そんな会社は無数にあります。

その一方で、特に必要のないことに人工知能（ＡＩ）を使おうとして失敗したり、わけのわからない無意味な慣習や行動をしていたりします。

アパレル企業が50％セールなどを乱発するのは、おかしな慣行の一例です。過剰な安売りによってブランドの価値をわざわざ損なっていますし、あまりにセールが多いと、元の値段で買った消費者はだまされたような気になるでしょう。実際、セールすることを前提にして商品をつくるような傾向も見られます。

消費者のことを顧みず、目先の売り上げに飛びついて経営していたら、消費者に見放されるのは無理もありません。歪んだ経営がアパレル不況を生んでいるのです。

逆にいえば、当たり前のことを実行できる、続けられる、徹底できるようになれば、多くの会社は劇的に良くなるはずです。そのヒントを本書でお伝えします。

本題に入る前に、もう少し自己紹介をしておきたいと思います。

僕は大学卒業後、戦略コンサルティングファームのベイン・アンド・カンパニーを4ヶ月で辞め、リクルートで1年ほど営業の仕事をした後、再びコンサルティング会社のカート・サーモン・アソシエイツ（現・アクセンチュア・ストラテジー）にて小売・消費財業界を担当。そこでアパレル業界と関わるようになりました。

２００６年、28歳のときに上司の誘いで中国の大手アパレル企業、メーターズボンウェイ

（Metersbonwe）の戦略担当役員に就任。経済成長に沸き立つ上海に移り住みます。僕以外に日本人はいないという環境の中、業績が悪化していた同社の事業改革に取り組みました。いくつかの変革を行って成果も出始めていた矢先、コスト削減のため役員用の社用車を廃止するという施策が他の役員たちの猛反発を招き、それをきっかけに生じた頑強な「抵抗勢力」によって改革は頓挫。こんなこともあるのかと驚きましたが、いろいろな意味で学びの多い経験でした。

その後に担ったのがディッキーズの中国事業の立ち上げです。ディッキーズ・チャイナの副社長となり、4人のメンバーで事業を立ち上げました。激務に追われる日々を経て店舗がオープン。軌道に乗り始めるのですが、そんな中でリーマン・ショックに始まる世界同時不況が発生。一気に厳しい状況に陥ります。

業績が上向くきっかけになったのは、現場の改善でした。全店舗を一つずつ回り、顧客目線に徹して陳列方法を細かく改善していったのです。

それが着実に効果を生んだことで、僕はひとつの確信を得ました。

「成功に奇策は要らない」ということです。

業績が苦しいときは、一気に挽回しようと奇策に頼るのではなく、基本的なことを徹底すること。

普段の経営も同じです。当たり前にやるべきことを、おろそかにせずやり抜けば、きちんと結果はついてきます。

2008年の参入当時は中国で認知度がほとんどゼロだったディッキーズは、今では200店舗以上を展開するブランドになりました。


2011年には日本法人の立ち上げを任され、社長に就任。急速な円安に苦しむ局面もありましたが、一貫して成長を達成してきました。

2013年には業績悪化していた中国法人の経営を引き継ぎ、日中両方の経営を兼務することに（北アジア社長に就任）。日本と中国を行き来する生活となります。引き継いだ年には売上高よりも多額の赤字を出していたディッキーズ・チャイナでしたが、追加投資なく2年半で黒字回復、成長軌道に乗せることができました。

もちろん大変なこともたくさんありましたが、僕のしてきたことは「当たり前」の連続です。成長をあきらめず、当たり前のことを徹底してやり続けていたら、成果が出て、道が開けたのです。

こうした経験のなかで、僕はこの「当たり前のことを徹底する力」は他社にも活かせると考えるようになりました。それは基本的なことができていないため業績が悪いアパレルブランドをたくさん見てきたからでもあります。

業界にはびこる低成長マインドを打ち破り、アパレルを夢のある産業にしたい――。

２０１８年4月にディッキーズの社長を退任した後、僕はアパレルに特化した「事業改革請負人」のような仕事を始めました。大手企業などをクライアントに、戦略立案から人事、調達、オペレーションまで全方位的に関わり、コンサルティングにとどまらず、実行までお手伝いしています。

アパレルは本来、人を幸せにする産業です。衣料品は人生のあらゆる場面に関わり、暮らしを豊かにしてくれます。ビジネスが適切に行われ、成長すれば、人々の生活はもっと楽しくなり、作り手や売り手の充実感も収入も増え、みんながもっと自由に、もっと自分らしく生きられる世の中になる。僕はそう思っています。

アパレルには夢があります。成長をあきらめる理由など、まったくありません。経営層でも、店舗のスタッフでも、アパレルに関わるすべての人に、僕はそう伝えたいと思っています。

またこの本は、アパレル業界以外の方にも参考にしていただけるのではと期待しています。低迷したまま変われない業界、変われない会社はいくらでもあります。ご自身の業界や会社、仕事と重ね合わせて読んでいただけるところも少なからずあるでしょう。「成長なんて無理だ」と思っている人に、決して無理ではないこと、可能であることを知ってほしいと思います。

本書は5つの章で構成されています。

第1章「アパレルは成長産業だ」では、アパレル業界の現状と課題をご紹介します。そこにさまざまな業界に共通する問題があること、また課題の一方で成長の可能性もあることをお伝えできればと思います。

第2章「僕のアパレルビジネス奮闘記」では、僕がアパレルビジネスとどのように関わり、どんな仕事をしてきたかをお話しします。直面した苦境や波乱についても可能な範囲で正直に記しました。

第3章「アート&サイエンスが成功の鍵」では、企業経営に携わる中で見えてきた成功要因、大切にするべき視点や考え方について実際のエピソードを交えてご紹介します。

第4章「ほんとうに人を尊重する経営とは」は、あらゆるビジネスの根幹となる「人」

について。僕が経営者としてこだわってきた人事の考え方や施策をご紹介します。

第5章「なりたいものになる勇気を持て」では、ビジネスの環境も組織のあり方も変化しつつある今、一人ひとりのビジネスパーソンが自分の道を切り開くために何が必要か、僕の考えと思いを書きました。


経営者が、一人ひとりのビジネスパーソンが、良い仕事をして業績を上げること。その一歩一歩が、人々の暮らしを豊かにし、人生の選択肢を広げ、社会の諸課題を乗り越える力を生み、よりよい未来を創ることにつながっていきます。

前を向いて進みましょう。本書がみなさんのご参考になれば幸いです。

成功に奇策はいらない　目次

第1章
アパレルは成長産業だ

第2章
僕のアパレルビジネス奮闘記

第3章 アート&サイエンスが成功の鍵

第4章 ほんとうに人を尊重する経営とは

第5章 なりたいものになる勇気を持て

第1章
アパレルは成長産業だ

「成長は不要」だなんて無責任な意見に耳を貸すな

もうずいぶん前になりますが、アパレル業界の関係者の集まりに参加したとき、経営者や幹部らしい方々が、お酒を飲みながら後ろ向きの話ばかりしているのに驚いたことがあります。

「人が減って厳しいです」「うちはなんとか前年比95パー（％）でしたわ」「お互い苦しいですねえ」などという会話を延々としているのです。

厳しい、苦しいと言いつつ、談笑している中高年の経営層。まるでそれが誰にとっても当たり前の前提であるかのように業績不振を語り、「あなたもそうですよね？」という調子でうなずき合う人たち。

こんな人たちがアパレル産業を動かしているのか――。

呆れるどころか腹が立ってきて、以後、僕はそういう集まりにほとんど行かなくなりました。

アパレルは斜陽産業だと言われます。

実際、日本国内のアパレル市場は停滞しており、経済産業省の「アパレル・サプライチェーン研究会」の報告書によれば、1990年に約15兆円あった市場規模は2010年には約10兆円になり、以後横ばいを続けています。その一方で衣料品の供給量は、同じ期間に約20億点から約40億点へと倍増しました。

市場規模が縮小しているのに、供給する商品の点数は大幅に増加している。異常な供給過剰ですから当然、売れ残りの在庫の山ができます。それを安く買いたたいて売りさばく業者が現れ、ブランド価値も損なわれていく。

経産省の報告書は、こうした構造的な悪循環だけでなく、アパレル業界のさまざまな課題を指摘しています。

- コスト削減のため商品企画をアウトソースした結果、企画力が低下した。
- 商品の陳腐化により消費意欲の減退を招いている。
- 独自性のある商品が作れないため価格競争に陥った。

- セールが常態化し、原価を抑えるために品質が悪化した。
- セールの常態化により、正価に対して消費者が不信感を持つようになった。
- 過剰な出店競争により不採算店舗が収益を圧迫。集客力の低下を招いている。
- デザイナーを有効に活用できていない。
- 百貨店などでの委託販売の商慣行が、過剰在庫を生みやすい。

こうした問題は書籍『誰がアパレルを殺すのか』がベストセラーになったことで、広く一般の方にも知られるところとなりました。そのためか、初めてお会いする人に「アパレルは今、厳しいんでしょう?」と聞かれることもしばしばあります。

たしかに、アパレル業界には深刻な問題が多々あるのですが、それ以前の大問題として僕が痛感せざるを得ないのが、業界全体に漂う「あきらめ」です。

そもそも成長できないと思っている。

売り上げが伸びるなど、新規開店でもしないことにはあり得ないと思い込んでいる。なんらかの施策を打っても「まあこんなものだろう」という程度の期待しか持たず、実際その程度の結果を受け入れる。

「前年比95％」の結果で「まずまず」「厳しい環境下でなんとかがんばった」などと自己評価してしまう。

そんな傾向が見られます。

『繊研新聞』などの業界紙を見ていると、決算期にはよく、アパレル経営者らの言い訳がましいコメントがたくさん載っています。

奇妙なのは、「百貨店不振が響いた」「連休時の悪天候が痛手」「消費者のアパレル離れ」「フリマアプリ普及の影響」など、業績不振の理由をいろいろと挙げはするものの、何らかの手を打った形跡が見られない例が多いのです。

「環境が厳しいのはわかった。それで、あなたは何をしてきたの？」

そう聞きたくなります。経営者が、業績不振を環境のせいにして、無為無策のまま「仕方ない」と状況を受け入れているのだとしたら、その人は経営者を辞めるべきです。でないと、働いている人も、取引先も、消費者も報われません。スタッフが現場でがんばっているのに、経営者は業績不振を仕方ないと思っている。それでは現場のやる気も下がるでしょう。

みんなで成長をあきらめ、「できない理由」を語り合って過ごすなど、誰にとっても幸せなことではありません。

そして、現代の日本には、そのような状態に陥っている会社がとても多いのではないでしょうか。成長へのあきらめが蔓延し、未来がよくなるイメージを持てない人が多いのではないかと思います。

さらには、もはや経済成長は不要だなどと、あきらめを肯定する論調もあります。「下り坂を楽しむ」とか「名誉ある衰退」とか、低成長やマイナス成長を肯定的に語る評論家もいます。「利益至上主義はやめよう。成長する必要はない。等身大の暮らしができれば、それでいい」といった主張が、ある程度受け入れられているのではないでしょうか。

本当にそれでいいのでしょうか。

たしかに、個人を見れば、日本経済がマイナス成長でも特に困らず幸せに暮らせる人もいるでしょうし、「等身大の暮らし」で満足していける人もいるでしょう。環境問題への対応なども必要ですから、経済成長だけを追求すればよいわけでもありません。

しかし、日本では7人に1人が貧困とされる所得水準にあり、高齢化の中で社会保障費は激増し続けています。そして日本経済が沈めば沈むほど、状況は悪化します。

「成長は要らない、等身大でいい」などと言っていたら、等身大の暮らしさえ守れなくなる。それが日本の置かれているリアルな状況なのです。

無責任な評論家の言うことを聞いている暇はありません。僕たち自身のために、日本の多くの人々のために、未来の世代のために、経済成長は必要です。そのため企業が業績を拡大し、成長していくことも必要なのです。事業環境は「厳しい」かもしれませんが、現実から逃げてはいけません。

伸びている市場もある事実。あきらめる前にやるべきことがある

実は、アパレルにも成長している市場があります。

まずわかりやすいのは海外です。世界の人口が増えているので当然といえば当然で、新興国・開発途上国での市場が拡大し続けています。ローランド・ベルガーの予測によれば、世界のアパレル市場の規模は２０１５年の約１５０兆円から、２０２５年には約３００兆円に倍増すると見込まれています。アパレルは世界的には成長産業と言えるのです。

渋谷や原宿のアパレルショップに行けば、中国はじめ海外からの旅行者が日本の衣料品を買っている姿を目にします。こうしたインバウンドの需要は近年大きく拡大しました。ある調査によれば、訪日中国人観光客のうち３人に１人は日本で衣料品を購入しているといいます。

他にも伸びている市場はあります。

世界のアパレル市場の成長予測

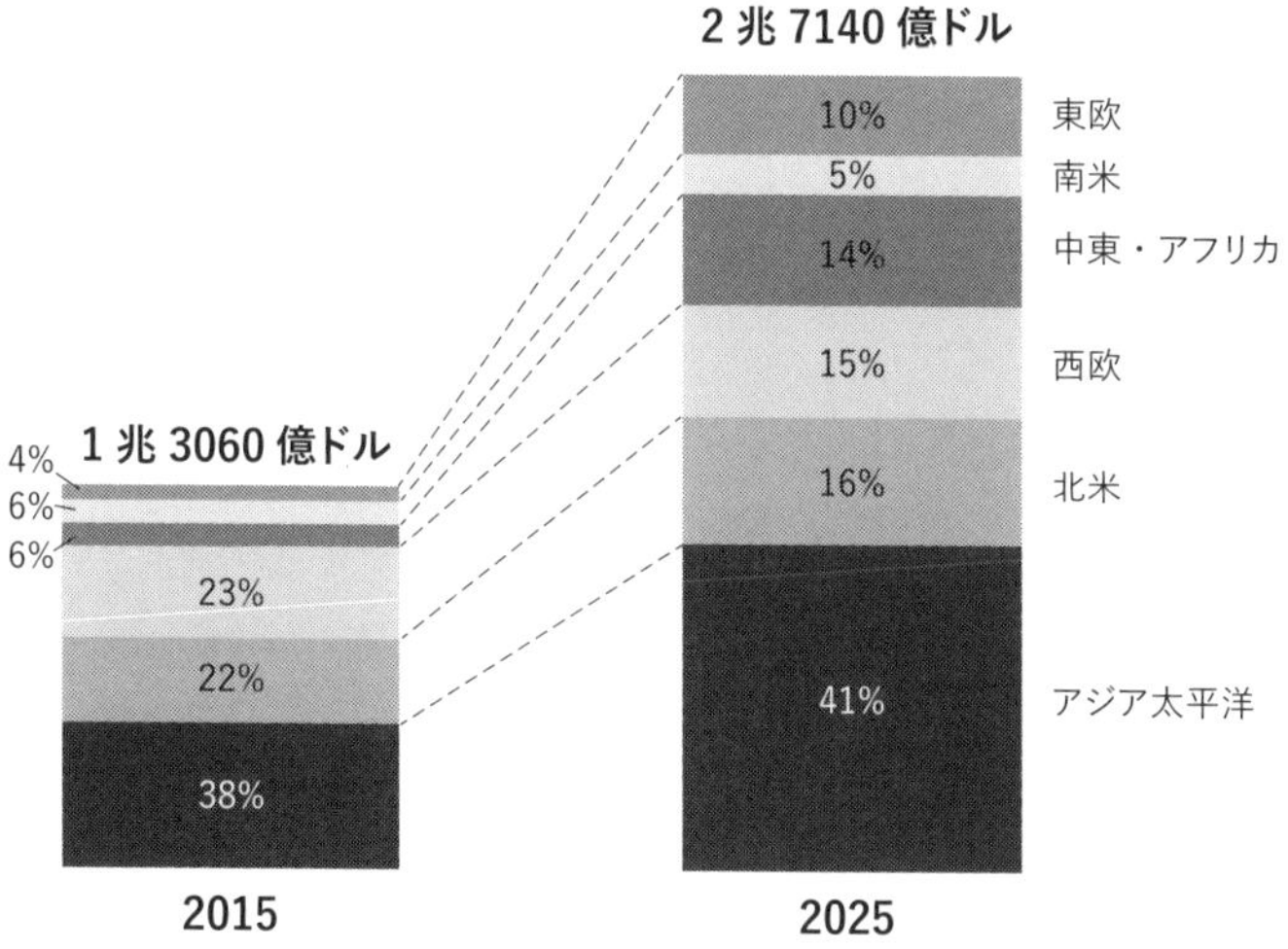

出典：ローランド・ベルガー「アパレル産業の未来——国内アパレル企業の課題と進むべき道」(2017年)より作成

たとえば、ルイ・ヴィトンやグッチなど、高級ブランド（ラグジュアリーブランド）の企業は近年、軒並み好業績です。中国等の旺盛な消費需要のためもありますが、ミレニアル世代など若者にターゲットを絞った戦略で成功している例もあります。動物皮革を使わず人工皮革を使う、生分解性の原料で作るなど、環境に配慮した商品で「エシカル（倫理的）消費」を引き付けているブランドもあります。

オーダースーツも近年非常に成長している分野です。ＩＴの活用などによって、自分の体型に合わせたスーツを従来よりも手軽に作れるようになりました。一度採寸したデータがあれば2着目以降はＥＣで注文できるなど、利便性を高めたことも奏功し、20～30代の若い客層にも利用が広がっています。代表例はコナカの立ち上げたオーダースーツブランド「DIFFERENCE」や、ＥＣ発のブランド「FABRIC TOKYO」。青山商事やＡＯＫＩなどの大手もＩＴを活用してオーダースーツに力を入れています。

世界的にアパレルの売り上げが伸びているのは、途上国の経済成長によって消費水準が上がり、衣服への需要が増えているからです。

訪日中国人が日本で衣料品を買うのは、日本製の衣服の品質や機能性が好まれているからでしょう。

高級ブランドが売れるのは、品質の良さやブランド価値があるからです。

エシカルな商品は消費者の共感を得ているのでしょう。

オーダースーツは自分にぴったり合うため着心地がよく、通販でも注文できて便利です。つまり、ほんとうに必要なもの、品質が良いもの、心に響くもの、自分に合うもの、便利なもの。こうした商品はお客さんを獲得し、伸びているのです。これは当たり前のことと言ってもいいはずです。


それでは、日本のアパレル業界が不振にあえぎ、斜陽産業だと言われているのは、なぜなのか。


端的に言えば、先ほど挙げた例とは逆のことをしているからです。

今の日本のアパレル企業は、人がわくわくするような服を作り、適切な売り方をして、気持ちを豊かにするようなビジネスができているでしょうか。

品質の悪い服を作って、安さだけをアピールして売ったり、押しつけのような接客をしたりしていては、うまくいくはずがありません。ブランド名を冠していてもデザインを外注して他と同じような商品を作っていては、消費者がそのブランドの個性を好み、愛着を感じることもなくなってしまいます。

このように考えてみると、アパレルの不況というのは、当たり前の企業努力を怠っている結果なのではないかと思えてくるでしょう。

もちろん、人口の減少といった要因も市場に影響を与えます。しかし、現に伸びている市場もある以上、不振の企業は結局のところ、人がお金を使いたいと思える商品や体験を提供できていないに過ぎません。「若者のファッション離れ」が本当だとしても、それはスマートフォンにお金を使うよりもファッションに使いたいと思えるような魅力的な商品を、アパレル企業が作ってこなかったことの結果でもあるのです。

若者を使い捨てにする会社に未来はない。経営者のモラルを問う

「勤務時間は1日10時間。繁忙期には12時間を超えることも」

「シーズンごとに新作を自費で買わなければならず、負担が大きい」

「10年以上のキャリアがあっても販売員の給料は月25万円以下」

「売り上げノルマがあるし、客からのクレーム対応も大きなストレス」


これらはアパレル業界で働く人たちに広く見られる悩みや不満です。すべての会社ではありませんが、総じてこの業界では、低賃金・重労働が当たり前のようになっています。僕がアパレル業界のあり方について特に問題だと思っていることの一つが、この労働環境・待遇の問題です。

他のアパレル企業を辞めてディッキーズに入ってきた社員から、「前の職場ではこうだった」という話を聞いて驚くことがしばしばありました。

店舗ごとの売り上げノルマのほかに販売員一人ひとりにノルマが課され、未達の場合は激しく叱責されたり、足りない分を自腹で購入することを促されたりするという話はよく聞く話です。「自社の服は好きだから」と受け入れてしまう（それが普通と思い込んでいる）店員も多いようですが、食品メーカーで働く人が売れなかった商品を自分で買わなければならないとか、銀行で働く人が融資実績を伸ばすために自分でお金を借りるといったケースを想像すると、これがいかに理不尽な慣行であるかがわかります。

売り上げがノルマに届かなかった場合は、店長から長時間厳しく叱責される、罵倒される、といった話も聞きます。ある社員が昔働いていた会社では、上司に殴られることさえあったそうです。大問題になり得ることですが、それが普通になってしまっている会社がアパレル業界にはあるのです。

他にもサービス残業の常態化や社会保険未加入など、労務上の問題を抱えているアパレル企業は多いようです。

僕が若い頃に勤務したリクルートは、社員の意欲を引き出すこと、いきいきと働ける環境づくりに非常に力を入れ、上手にやっている会社でした。それに慣れていた僕には信じがたいほど劣悪な職場環境が、アパレル業界にははびこっています。

アパレルショップで働く人は、ほとんどが、服が好き、ファッションが好きで、その仕事を選んだ若者たちです。本来、アパレル業界がもっとも大切にしなければならない人たちと言えるでしょう。多くのアパレル企業は、そんな若者たちを低賃金でこき使い、販売不振の責任を押し付け、疲弊させているのです。

若者を使い捨てにする会社に未来はありません。もっとも大切にするべき人たちを大切にしていない会社が、うまくいくはずがないのです。

そもそも、人を低賃金で働かせることで利益を上げる経営者は無能です。人を安く使って利益を出す、そこには何の経営上の工夫もありません。しかも、過大なノルマや暴言で人を精神的にも疲弊させ、福利厚生も劣悪となると、その経営者は無能であるだけでなく、倫理的にも間違っています。

残念ながら、昨今の日本では、企業のトップや政官界など、責任ある立場にある人のモラルの低下が甚だしくなっています。自社の利益を最大化するために、その会社の商品や事業を愛している人たちを安く酷使し、疲弊させる。目先の小さな目的ばかりを追いかけ、長期的な成功や、社会全体にとって何が良いことなのかを考えない。そんな人がトップにいてはいけません。アパレル業界はその典型例を数多く示しているように思います。

僕が経営していたディッキーズでは、しっかり働き貢献した人にはしっかり報いる、という当たり前のことを大切にしていました。成果には厳しいものの、それに見合った報酬をきちんと支払う。人にしっかり投資をして、しっかり活躍してもらう。それが経営の王道であり、当たり前のことだと思っています。

僕は30代になった頃からずっとそれを実践してきましたが、多くのアパレル企業の高齢の経営者たちは、正反対のことをして「環境が厳しい」と言い続けていました。

経営者のＫＰＩ（主要業績評価指標）に、株主価値の向上などとともに、従業員の給与の向上も加えるべきでしょう。人にしっかり投資し、給与を上げていくことは、あらゆる事業の経営において大切です。それができない経営者には、早く退任していただきたいと思います。

そして「人」を大切にする経営へと転換すれば、ファッションが好きな若者たちがいきいきと働く、元気なアパレル業界を取り戻すことは十分に可能です。

企画は丸投げ、ブランドはラベルだけ。見捨てられるのは当たり前

最近のアパレル業界には、商品が画一化しているという問題もあります。デザインを商社などに丸投げしてしまうアパレルブランドが増えました。もっとも、そんなものは「ブランド」とは言えないのですが。コストを抑えるために自社でデザイナーを雇うのをやめ、いくつもの「ブランド」の商品デザインを請け負っている企画会社にアウトソースするのです。その結果、そのとき売れているものをコピーしたような商品が続々と生まれることになります。

ひどい例では、量販店で売られている服とほとんど同じ商品が、その倍の値付けをされて「ブランド」ショップで売られているといったことも見聞きします。同じ企画会社を介して作られ、ラベルだけ異なる商品が出回っているということです。まったく消費者をばかにしています。

「新しいブランドを立ち上げた」などと言いつつ、実態としてはそんなものである例は少なくありません。要するに、新しいラベルを作っただけ、新しい屋号を設けただけなのです。

消費者がそれに気づいたとき、どのような反応をするかは言うまでもありません。ものづくりへのこだわりも、ブランドへの愛情も誇りもないアパレル企業が生み出す画一化した商品など、消費者に見捨てられて当然です。ものづくりはそんなに簡単なものではありません。

ディッキーズでは、そのような似非ブランドとは一線を画したものづくりに努め、「ディッキーズらしさ」を徹底的に追求してきました。

ブランドは一朝一夕にできるものではありません。消費者や社会との約束の積み重ねによって長い時間をかけて培われていくのがブランドです。

「うちの会社は、こういう商品をつくり、こういう価値を提供し、このようにお客様に貢献します」という約束をして、守っていくこと。その積み重ねがブランドをつくります。

ディッキーズの社長に就任したとき、最初に取り組んだことのひとつが、会社の歴史を振り返ることでした。約100年前にアメリカで生まれたディッキーズが、どのようなブランドとして人々に親しまれてきたのかを知り、その「ディッキーズらしさ」に根差してこれからどのような未来を描けるのかを、時間をかけて考えたのです。

そして商品企画から生産・品質管理、店舗での陳列方法、従業員の行動スタイルに至るまで、「ディッキーズらしさ」に即したものになるように努めました。そのための投資は惜しみませんでした。

このようなことは、多少なりとも「ブランド」の価値を理解している経営者なら当たり前に理解し、実践していることでしょう。どこの地域でもリッツ・カールトンに行けば一定のクオリティのサービスを受けられますし、スターバックスではどの店舗でもスタッフが明るくフレンドリーな接客をしてくれます。

こうしたブランドの認知は、急に思いついたように「新ブランド」を立ち上げて、競合他社のメニューと同じものをそろえ、同じような内装に整え、サービスマニュアルをアウトソースしても、作れるものではありません。ところが、そんなことをしているのがアパレル業界なのです。

ものへの愛情はないのか。ものづくりへのこだわりはないのか。

もともと別の業界からやってきた僕が、疑問を感じるどころか怒りさえ覚えるようになった、消費者をばかにした商品づくりが横行しています。読者の方は、「そんなことでは、うまくいくわけがない」と思うでしょう。そのとおりです。

僕が「アパレルは成長できる」と断言できる一つの理由は、こんな当たり前のことで道を誤っているアパレル企業が多いからです。消費者をばかにし、ブランドを安直に考えるのをやめて真摯に向き合えば、いくらでも改善できると感じるのです。

セール、セール、セール…商品への愛やプライドはないのか

多くのアパレル企業が、商品への誇りや愛情を持たず、安易なものづくりをしている証拠の一つが、すぐにセールに頼ることです。

昨今、アパレルショップで「50%OFF」などの表示を目にすることがとても多くなりました。ほとんど日常的にセールが行われています。あまりにも頻繁なので、ほしいと思った服を見つけても「少し待てばセールで安く買えるだろう」と考え、買うのをやめた経験がある人も多いのではないでしょうか。少し待てば半額になるのがほぼわかっていたら、今買うなんてばかばかしい。当然の心理です。

ひどいのは、企業側がセールを前提にした値付けやものづくりをするようになったことです。

たとえば、適正な原価率が30％だとして、作るのに３０００円かかる商品には1万円の値付けをする。これが通常のあり方です。しかし最近では、標準販売価格は1万円でも、セールで５０００円にして売ることを前提に、１５００円で生産するというやり方が横行しているのです。

つまり、1万円という標準販売価格（業界用語で「上代《じょうだい》」と言います）は、いわば嘘の価格です。「嘘の上代」などと言われます（こんな言葉が普通に使われること自体、おかしなことです）。本来５０００円で売られるべきものに1万円の値付けをしているということです。

これもまた、消費者をばかにした業界慣行です。

本来、この商品にはこれだけの価値がある、と証明するのが売り手のするべきことです。1万円の価値があるから1万円で売る。当たり前のことです。

ユニクロはセールによって成長してきたわけではありません。価格の割に高品質なフリースによって大きく業績を伸ばしたのです。フリースブームの後も、１０００円のシャツでも５０００円のジャケットでも、それに見合うだけの価値があることを証明してきたから、幅広く支持され続けているのです。

「嘘の上代」が横行している

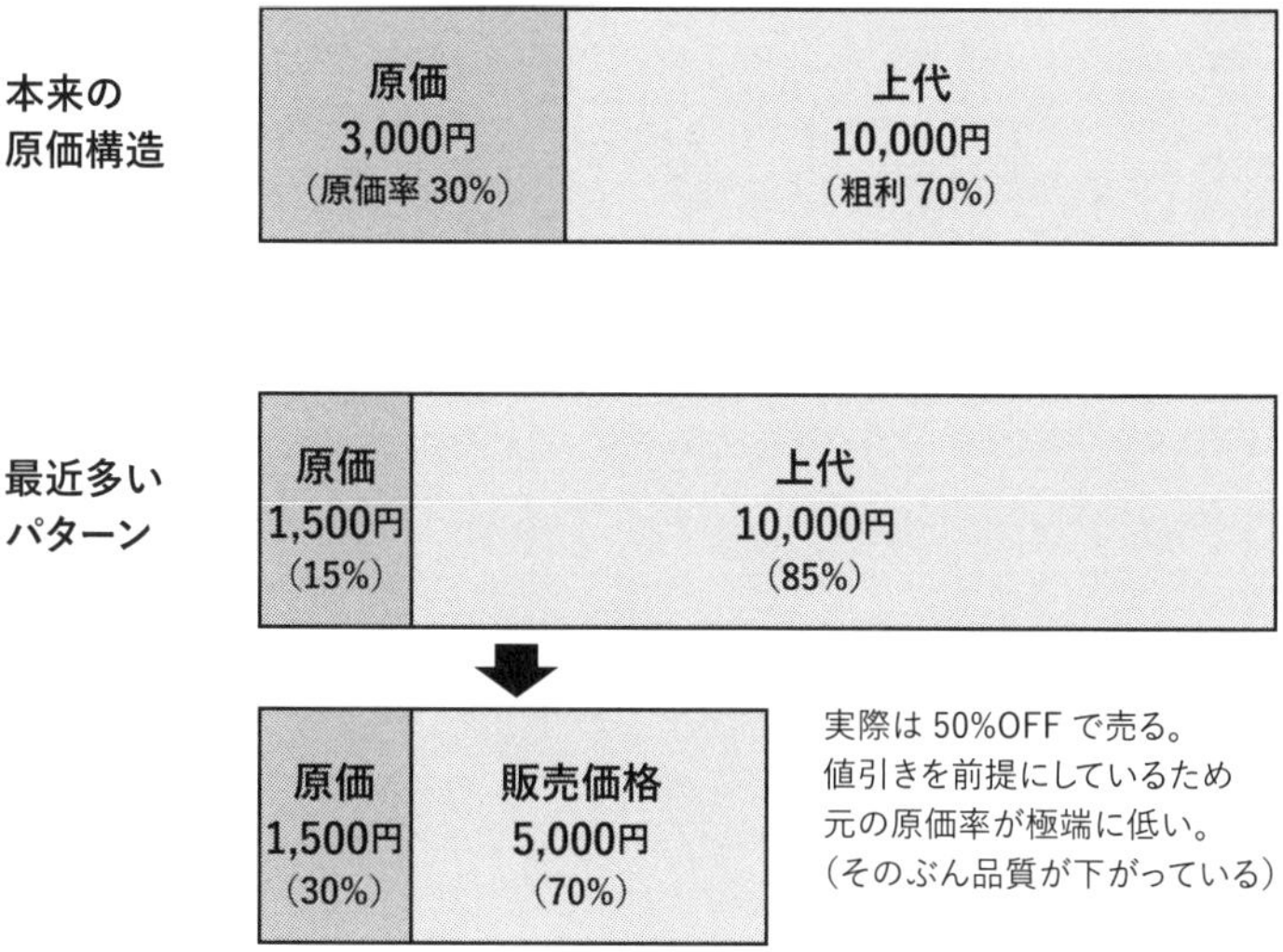
本来の原価構造
原価
3,000円
(原価率 30%)
上代
10,000円
(粗利 70%)
最近多いパターン
原価
1,500円
(15%)
上代
10,000円
(85%)
原価
1,500円
(30%)
販売価格
5,000円
(70%)
実際は 50%OFF で売る。
値引きを前提にしているため
元の原価率が極端に低い。
(そのぶん品質が下がっている)

安易にセールをするのは、もともとの価格に見合う価値がないことの証明です。

服を売るプロなら、その服はお客さんにとって良いものだ、お客さんの喜びや幸せにつながるものだというプライドを持っているべきですし、販売の仕事をしている人は誰でも、そんなプライドを持って働きたいものだと思います。

価値があるものを売っているという自信を持てないと、楽しく仕事ができず、成果も出にくくなるでしょう。残念なことに、それが今のアパレル業界の状況です。

他社や他のブランドと同じような商品を、コストを抑えて粗悪な商品をつくり、偽りの価格を示してから大幅セールで売りつける。そんな商売をして何が楽しいのでしょうか。自分で価値を信じられないもの、価格に見合う価値を証明できないものを売っていて平気なのでしょうか。

普通のことのように「嘘の上代」を付け、セールを乱発するアパレル経営者の人間性を、僕はまったく信用できません。いったいこの人は何がやりたくてこの仕事をしているんだろう、何を考えて生きているんだろうと不思議に思います。

結局、アパレルが斜陽産業、衰退産業だというのは嘘で、単純に、まっとうな商売をしていないから「アパレル不況」なのではないか。そう思えてなりません。

当たり前を徹底したら、日本と中国、どちらも増収増益になった

アパレル業界の全体的な傾向について、いろいろな問題を語ってきました。

それでも僕がこの業界に希望があると確信しているのは、そうした業界の傾向とは反対に、当たり前のことを徹底することによって、実際にビジネスを成長させることができた経験があるからです。


ディッキーズは僕が経営に関わった10年間で、日本と中国の両国で大きく事業を拡大しました。

アメリカのテキサス州で1922年に生まれたワークカジュアルブランドであるディッキーズ。現在はヨーロッパ、アジア、南米、アフリカなど世界110ヶ国以上で商品が販売されています。日本には伊藤忠商事とのライセンス契約によって1994年に進出し、

卸売を中心に事業を行っていましたが、アジアでの事業を強化するため2008年に中国法人を設立、2011年には日本法人を設立し、製造から小売まで行うSPA（製造小売業）のモデルで事業を拡大してきました。僕が関わったのは、この両国での立ち上げからです。

中国では、ブランド認知度がほぼゼロの状態から始めて、10年で235店舗を構えるまでになり、小売売上高は100億円を超えるまでになりました。

日本でも、日本法人の設立1年目から黒字化し、売上高は卸売時代の数倍に拡大、以後も一貫して増収増益を実現しました。

日中ともに売上高は前期比45％程度の増加を続け、既存店でも（もちろん退店もありますが全体として）10％以上の成長を持続するなど、業界内では異例と言える快進撃を続けたのです。

これらは、「ディッキーズらしさ」にこだわり、経営者の僕が各店舗を頻繁に回って従業員と意識を合わせ、個々の貢献にしっかり報いて業界平均より高い給料を払い、みんながプライドを持って仕事をしてきた結果です。

自分のことを特別だとは思っていません。僕はただ、やるべきことを必死にやってきただけ、当たり前のことを愚直に続けてきただけだからです。

これまでの話から、読者のみなさんにも、アパレル業界が苦境に陥っているのは市場や消費者のせいではなく、そもそも商売の仕方がおかしいからだということがわかってきたのではないかと思います。

「アパレルは斜陽産業」という言説は、目先の利益を求めて大切なものを犠牲にし、まっとうな商売をせず、経営者として努力も工夫もしてこなかった人たちが、自分の無能を棚に上げて、業績不振を環境のせいにしているだけなのです。

だからこそ、はっきりこう言えます。

当たり前のことをしっかりやれば、必ず成長できるのです。

消費にプライドを持ってほしい。自分らしい生活を楽しんでほしい

アパレル企業がものづくりへのこだわりを捨て、働く人を粗末に扱い、目先の利益を追いかけてきたことが「アパレル不況」を招いたことは明らかですが、一方で、そうした業界のあり方を消費者が助長してきた面もあるように思います。

結局のところ、企業が安易なものづくりをしていても、買ってくれる消費者がいれば、企業はそれを続けられるからです。

着るものにこだわりを持たない人や、ラベルが異なるだけの画一的な「ブランド」商品に高い金額を払う人や、品質が悪くても安いものを選ぶ人ばかりの世の中では、企業はそれに合わせた行動をとるようになりますし、まともなアパレルブランドは存続できないでしょう。

企業がこだわりのない商品をつくり、消費者がこだわりなくそれを買う。だから企業は

こだわりのない商品をどんどんつくる。

会社が人を粗末に扱い、従業員がそれを我慢し受け入れてしまう。だから会社はさらにそういう雇用を拡大する。

まさに悪循環です。

そして、こうした悪循環の根底にあるのが、この本の冒頭から述べている「低成長マインド」です。

より良いものを求めようとせず、品質が悪くても安いものを選び、こだわりを持たない消費。成長する可能性を考えず、安売りやコスト削減によって目先の利益を得ようとする経営。これらが互いを助長し、悪循環を生んでいるように思えるのです。

高価な商品を買うべきだという意味ではありません。ただ重要なのは、人はその人なりのこだわりを持ってこそ消費を楽しむことができるし、それは生活を豊かにすること、自分らしく生きることにつながるということです。

だから、消費者にもこだわりを持ってほしい。プライドを持ってほしい。自分らしい生活を楽しんでほしい。アパレルはそのためにある産業だと僕は思います。

アパレルは生活を彩り、人が幸せになれるビジネスだ

学生時代、就職活動に備えて友達がリクルートスーツを買っていた頃、僕は思い切って学生にとっては高級なブランドのスリーピース・スーツを買いました。

モチベーションを上げるため、自分は他とは違うのだと表現するためです。学生がスリーピースのスーツを着て就職活動の面接に行くなんて、相手からどう思われたかはわかりませんが。「学生とは思えない」などと言われて僕は悦に入っていました。

今にして思えば、そのスーツを買ったことは、この服が似合う人間になりたい、なるんだ、という意志を育むことにもなりました。そのスーツを着るたびに、さあ頑張るぞという気持ちになり、力がみなぎってくる気がしたものです。

今日は大事なプレゼンがあるからこの服を着ていこう、今日は社内の飲み会だから普段よりラフな格好で行こう、というように、衣服によって自分の気持ちやコンディションを

整えることは、誰でも自然にしていることだと思います。

良い服を着て、幸せな気分で過ごすことができると、消費者が服やファッションに感じる価値や期待値は高まります。それが次の購買につながり、さらに消費者の幸せにつながります。この好循環を生むことが、アパレル産業の本来のあるべき姿です。

赤ちゃんからお年寄りまで、家庭、仕事、食事、レジャー、休息、冠婚葬祭など、アパレルは人生のあらゆる場面に関わります。そうした人の生活のさまざまな場面で喜びをもたらす仕事、人が幸せになれるようにする仕事。それがアパレルビジネスだと僕は思っています。

昨今、日本は「低欲望社会」と言われ、若者には夢も元気もなく消費意欲もないなどと言われていますが、僕はそうは思いません。そう見える若者がいるとしたら、それは本当に良いもの、価値あるものに触れていないからではないでしょうか。

より良いものを知る機会があれば、人はそれを求めるようになります。世の中の見え方も変わってきます。

良いものに触れて、自分を磨き、高めていく。質の良いものを身に着け、心豊かに暮らす。そんな消費を多くの人にしてもらいたいと僕は思います。

成長をあきらめ、貧しくなることを受け入れていたら、心も貧しくなるものです。生活を楽しむ心、良いものにわくわくする心があれば、成長を目指して頑張れるのではないでしょうか。

次章では、こうした思いをもってアパレルビジネスに携わっている僕が、実際に経験してきたことを紹介します。

第2章

僕のアパレルビジネス奮闘記

大学で感じた幻滅。自分で動かなければ世界は何も変わらない

10年間アパレル企業の経営者をしていた僕ですが、もともとこの業界に関係があったわけではありません。少し自己紹介をさせてください。

僕は1978年、大阪で生まれました。すぐに親の仕事の都合で福岡に引っ越し、2年後には神戸に移り、幼少期をそこで過ごしましたが、小学3年生のとき、家族でアメリカに引っ越すことになりました。歯科医をしている父親がタフツ大学歯科大学院の専門課程に留学したためです。父は勉強熱心な人で、国内の大学を出て祖父と同じ歯科医になって開業していましたが、ずっと留学したいと考えていたようです。夢がかなって渡米し、5年後には教授となり開業もすることになったのでした。

滞在したのはボストンです。小学3年生で外国に行くのは、もちろん不安もあり、嫌がった記憶があります。小学校では野球をしたり皆でマンガを描いたりするのが好きで友

達も多く、野球選手になりたいと思っていた普通の子どもでしたし、渡米当初はもちろん英語も全然できませんでした。僕はアメリカで本場の野球を学ぶんだ、などと自分に言い聞かせて出発したのを覚えています。

野球はものになりませんでしたが、高校卒業までアメリカで過ごしたことで得られたものはたくさんあります。

まず、当初は友達がおらず寂しかったため、本をたくさん読むようになりました。中でも強く影響されたのは織田信長の伝記です。人と異なる行動をすることを恐れず、強い意志をもって世の中を変えていく信長の挑戦的な生き方に憧れたのでした。当時も今も僕は小柄ですが、アメリカの大柄な少年たちにも負けずに向かっていくようになったのは信長の影響もあるように思います。高校時代には「モデル国連」に参加して議論することもできるようになりました。

後の仕事でも大きな意味を持ったのは、アメリカ生活によって、外国人に物怖じしなくなったことだと思います。

日本人の多くは欧米人にどうしても物怖じしがちなようですが、僕にはそれが一切ありません。子ども同士、「お前の国にはニンジャがいるんだろ」「いねえよ、バカ」「お前らはオレたちに戦争で負けたな」「次やるときは勝ってやるよ、ボケ」などと言い合って育ったため、気後れしないのです。

アメリカで心地よいと感じたのは、子どもが大人に対して意見を言ってもきちんと聞いてもらえることでした。日本では「生意気だ」「口答えするな」などと言われそうな発言をしても、アメリカでは年配の人たちはむしろそれを歓迎し、求める文化があると感じます。単に英語力だけでなく、はっきりと意見を言う（言うことを求められる）文化で育ったことは、後にグローバル企業の経営陣と関係を築き仕事をする上で大きなプラスになったと思います。


高校卒業後に帰国して京都大学法学部に入りましたが、ここで僕はひどく幻滅することになりました。

それまで日本の高校生たちを見ていなかったためもあってか、僕は大学に対して現実離れしたイメージを持っていました。「維新の志士」のような人たちが集まって、日本や世界のあり方について侃々諤々の議論をしている場所だと思い込んでいたのです。

入学してすぐに、それが大きな思い違いだということがわかりました。

入学して間もない頃、同級生たちの会話でロシアのエカテリーナ大帝の話が出たときのことです。僕がエカテリーナの実施した社会改革について話そうとしたら、周りの学生たちが「エカテリーナって啓蒙専制君主の一人だよね」「そうそう」「他の啓蒙専制君主を2人挙げよ」「えっと、フリードリヒ2世と……」などと会話しています。話してみると、彼らはエカテリーナ大帝の行ったことはろくに知らず、それに対して何の意見もなく、ただ用語や年号を覚えているかどうかを自慢していたのでした。

なんだか不気味なものを見てしまった気がしました。

僕の中での一流大学の学生のイメージ、エリートや維新の志士のイメージががらがらと崩れました。こいつらは単にクイズやパズルが得意なだけの子どもじゃないか……。見回しても、大志を抱いている人はいない。暗記力は抜群だが議論ができない人ばかり。ごく一部の司法試験にまっしぐらの人たちを除いて、周りの学生たちはみんな、勉強もせずにサークルで遊び、お酒を飲んでいるばかりのように見えました。

こんな人たちに染まったらだめだ。

そう思った僕は、仲間を集めてビジネスや政治の勉強会を始めたり、会社に直談判して当時は少なかったインターンの機会を得たりして、自ら学ぶ場をつくっていきました。日本の大学ではぼんやりしていたら何も学べない、自分でやるしかないんだと気づいたのです。

同時に、物事を自分で考えることより正解を覚えることに偏重した教育のあり方をはじめとして、日本社会に対してさまざまな問題意識を抱くようになりました。

ものを考えずに不況だ衰退だと嘆いている人たちへの怒りや、しっかり考えて動けば物事は必ず好転させられるという自信は、その頃から生まれたのかもしれません。

リクルートの営業で3ヶ月間売上ゼロ。挫折のなかで学んだこと

日本社会の課題についての勉強会や社会人も交えた公開討論会などをしてきた中で僕は、世の中を変えるには「経営」を学ぶ必要があると考えるようになりました。当時は政治家になりたいという気持ちもありましたが、政治をするにも経営がわからなければだめだと思いました。社会を最もダイナミックに動かしているのは企業の経済活動だからです。

大学を卒業して最初に入ったのは外資系のコンサルティング会社、ベイン・アンド・カンパニーです。経営戦略を学べる、給料も良い職場ということで選びました。

とはいえ、当時の僕が十分にキャリアの展望を描いていたかといえば、そんなことはありません。イメージ先行、ノリと勢いで決めてしまったところもありました。

そんなときリクルート社が主催する「キャリア相談会」の広告が目に留まり、まじめにキャリアについて考えようと参加。しかし、現れたアドバイザーと話していると、リク

ルートこそ僕にぴったりの会社だという話になりました。「平山さん、どんな環境で働くかが大事ですよ」。リクルートの魅力を語られ、転職を強く勧められたのです。

僕はなんと4ヶ月でベインを辞めてしまいました。今にして思えば「若気の至り」です(だから僕は若い人の失敗や早期の転職を否定することがありません。迷って学んで、前に進めばそれでいいと思っています)。

そういうわけで、リクルートへ転職。言うまでもなく人材・メディア業界の大手で、事業開発の力も高く、「元気な会社」というイメージがありました。

配属されたのは人材総合サービスという、採用媒体「リクナビ」をはじめさまざまな商品を売る部門です。僕以外は全員マネジャーで、「リクルート最強の営業部隊」と言われていました。

ここで僕は大きな挫折を味わうことになりました。端的に言えば、売れなかったのです。リクナビという、企業の人事担当者なら誰でも知っている媒体を売っているのに、まったく売れません。3ヶ月間、売り上げは完全にゼロでした。

しかも僕は社内で大きなプレッシャーを感じていました。「京都大学卒業、帰国子女、英語ペラペラで、外資系コンサルティングファームにいた人」ということで、歓迎会で

「平山ってものすごく優秀なんだね」と言われ、フロアの皆が「最近入った期待の若手」として接してきます。しかし、営業成績はゼロが続きます。同時期に入った新卒の女子社員が大きな受注をどんどん取っていたので、なおさら惨めでした。

次第に周囲の目も、「実はダメなやつなんじゃないか」「期待外れ」という雰囲気になってきました。アシスタントのお姉さんたちに叱られたり、飲み会で「平山は稼いでないから（みんなの稼ぎで食べてるんだから）今日のぶんは全部払ってよ」と言われたり。電話に手を縛り付けられ一日中お客さんに電話させられたり。飛び込み営業をしたら、「仕事の邪魔。帰れ」とファイルを投げつけられたこともあります。「何か芸やってよ」と言われて困ったこともありました。今思えばおかしいのですが、当時はほんとうに辛かった。泣きそうになることも多々ありました。

それでもこの辛かった時期、逃げずに取り組んだことが今の自分の基礎を作ったと思っています。営業成績の良い先輩に学び、必死に勉強もしましたし、考えるだけでなく行動することの大切さも実感として学びました。

初めて受注できたときの嬉しさは忘れられません。営業先から電話がかかってきて「お願いすることにしました」と言われ、文字通り飛び上がって喜びました（本当にジャンプしたので、後でずいぶん社内で笑いのネタにされました）。

それからどんどん売れるようになり、1年経つ頃には社内のMVP「敢闘賞」を受賞。苦しかった3ヶ月を乗り越え、十分な成果を上げられるようになったのです。

リクルートで学んだことはとても大きかったと思います。ビジネスは現場の1件1件の受注の積み重ねであること。1つの受注を取ること、1つのものを売ることがいかに大変かということ。現場でその「真実の瞬間」(取引の成否が決まる瞬間のこと)に関わる人の気持ちも、このときの辛さや嬉しさの経験があるからこそ、わかるようになりました。

貴重な出会いもありました。当時の上司だった波戸内啓介さん(現・リクルートエグゼクティブエージェント社長)には特に大きな影響を受けました。新卒採用での「エントリーシート」を初めて作ったアイデアマンで、営業マンとしても圧倒的に優秀。目標を決めたら必ずやり切る人で、「負けを認めなければ最後は勝つ」という強い姿勢は僕の経営観につながっています。リクルート退社後も現在に至るまで定期的にお会いしており、経営者として、人生の先輩として、多くのことを教えていただいてきました。ディッキーズ日本法人立ち上げ時には社員の採用を助けていただくなど、実務でもたびたびお世話になっています。

また、リクルートは働く人のモチベーションを高めるのが上手な会社でした。現在の同社がどうかは知りませんが、表彰制度などで社内を盛り上げ、適度に競争心も刺激しつつ個々の向上を促す人事の仕組みは、経営に携わるうえで大いに参考になっています。

消費財ビジネスは「本物の闘い」。難しいからこそおもしろい

リクルートで営業マンとして手ごたえを得られるようになったものの、多くのクライアント企業の採用に関わる中で、改めて企業経営に携わりたいという思いが強くなりました。

そこでリクルートを1年で辞め、カート・サーモン・アソシエイツ（現アクセンチュア・ストラテジー）へ転職。小売・消費財業界を得意とする世界的なコンサルティング会社です。

この会社で国内外のアパレルブランドの戦略策定などに従事したことが、僕のアパレル業界との出会いです。

もともと服は好きでした。幼い頃からおしゃれに関心はあったようです。小学生のとき、お気に入りの青いズボンをサイズが合わなくなってもはき続け、見かねたアメリカ人の先生に「親に新しいものを買ってもらいなさい」と真顔で言われたことがあります。

コンサルティングの仕事を通して、消費財のビジネスにおもしろさを感じるようになりました。

消費財ビジネスは、学生時代に関心を持った政治と同じように、一般の大勢の人たちのニーズに応えていく仕事です。関係を築ければ顧客企業に毎年同じものを売り続けられるＢｔｏＢのビジネスとは違って、消費者は気まぐれで、簡単にそっぽを向きます。だからこそ、一般消費者を対象にしたビジネスは「本物の闘い」のように思えるのです。

消費財といっても食品から洗剤までさまざまですが、なかでもアパレルはＳＰＡ（製造小売）というビジネスモデルが増えてきた頃で、これは商品の企画から販売まで自社で一貫してやれるところに魅力があります。ものづくりのレベルはもちろん、戦略やマーケティング、店頭のディスプレイや接客の仕方も業績に大きく関わってくるビジネスです。

アパレルの現場の人なら知っていることですが、服をどのように陳列するか、どの服とどの服を組み合わせて見せるか、畳み方はどうするか、ハンガーの高さをどうするか、といったこと一つ一つにノウハウがあります。接客も、声をかけるべきお客さんかどうかを見極め、適切なタイミングで声をかけ、ニーズに合ったご案内をするのは、相応の熟練と研鑽が求められる仕事です。しかもチェーン店ではそれを全店舗、全スタッフに徹底しなければならない。きわめて難易度の高い仕事です。

商品が良くて、接客が良くても、店内が散らかっていたらお客さんは居心地悪く感じて出て行ってしまうかもしれません。店内はきれいでも、ＢＧＭが客層に合っていなければ来てくれないかもしれません。商品が良くて、接客も店の雰囲気づくりも上手にできていたとしても、値段が少し高いと感じられたら、買われずに出て行かれてしまいます。

消費者の心をつかむには完璧が求められます。だから「本物の闘い」なのです。

なお、現場の接客が商品企画などと同様に大きく業績を左右することを踏まえると、販売職の現在の社会的・経済的地位は低すぎると感じます。「売り子」などと言って、特に店頭やスキルを要さない仕事のように見下す人がいますが、実際は違います。店頭の接客スタッフは「本物の闘い」の最前線にいる人たちです。

あらゆる側面を考え抜き、完璧にすることが求められる「本物の闘い」の場であるアパレルビジネスに、僕は引き付けられました。

いい服を着ていたら幸せな気分になる、という一人の消費者としての感覚からも、アパレルの仕事は魅力的でした。アパレルは、人の気持ちを前向きにするビジネス、人の暮らしを演出するビジネス、人の幸せを手助けするビジネス。このおもしろくて難しくて素晴らしいビジネスにもっと関わりたいという思いから、僕はアパレルの世界にどんどん踏み込んでいったのです。

一方で、コンサルタントとして多くの企業に関わる中で、世の中には「本物でない仕事」をしている人も多いことを知りました。

あるクライアント企業が、自社にノウハウも実績もない商品を「作れます」と自信満々で某大手企業に提案している場面に居合わせたときには驚愕しました。

「無理な提案はするべきではない」と直言したところ、僕は上司からひどく叱られました。

クライアント企業も、僕に「お客さんの気持ちを考えろ！」と怒鳴った年配の上司も、相手の機嫌をとって目先の仕事を得ているだけで、成果が出るかどうかなどお構いなしのようでした。僕はその案件から離れましたが、後にそれが大失敗に終わったことを知りました。

その場しのぎや、建前や立場を守るために、本来考えるべきことを考えず、やるべきことをせず、責任もとろうとしない。社会にはそんな人が大勢いることがわかってきました。

そういう人は、業績不振の会社の経営者や、巨大組織の中で余り気味の管理職層に多く、大抵は中高年で、自分の保身を最優先しています。一方、事業の現場に目を向ければ、そこには低賃金で酷使されている若者がいたり、変わらない会社に不満を抱えた真面目な社員がくすぶっていたりします。

そんな理不尽な現実をぶち壊して、あるべき姿に作り直してやりたい。それができる実力をつけたい――。後年の仕事にも通じる思いが、この頃から僕の中に芽生えていました。

28歳で中国アパレル大手の役員に！ 事業改革に挑んだが…

消費財業界のコンサルティングにおもしろさを見出し、順調に実績を重ねた僕は、あと1、2年でパートナー（共同経営者）になれるのは確実というところまで昇進しました。

そんな矢先の2006年、思いがけない機会が巡ってきました。当時の僕の上司はパキスタン系イギリス人のアティフという人でしたが、彼が中国のアパレル大手、メーターズボンウェイのCOOに就任したのです。同社の状況を把握したのち、彼がこう言ってきました。

「戦略のわかる人間が必要だ。真也も来ないか？」

メーターズボンウェイは当時の中国で1800店舗を擁するカジュアル衣料の最大手でした。小売売上高600億円、従業員数は6000人以上。さらなる成長を期すため、事業戦略の練り直しと改革の推進役として外部の人材を求めたのです。僕に提示されたポジションは戦略担当役員。戦略部門の統括をする役割です。勤務地は上海で、もちろん同僚のほとんどは中国人。

カート・サーモンでパートナーになる道が見えているのに対して、これはいかにも先行き不透明な選択肢でした。それまで中国に行ったことはありましたが特段のなじみはなく、中国語もできません。巨大企業にいきなり異国から若造が役員として入り込んで、いったい何ができるのか。

かなり「アウェー」な環境のように感じましたが、それ以上に、これは大きなチャンスだと感じました。

事業会社の経営実務に携わることは、コンサルタントでいる限りできません。伸び盛りの中国市場でビジネスを経験でき、しかも大手企業のボードメンバーになる機会などそう得られるものではないはずです。しかも僕は当時28歳。仮に失敗しても、その経験は大きな価値となるに違いありません。よく考えてみれば、僕にとってリスクはほとんどなく、大きなリターンが確実に見込める道でした。

僕はメーターズボンウェイの役員となり、上海での生活を始めました。

ところが、入った直後、同社の業績が大幅に悪化していることが発覚しました。

プライシングの失敗などによって利益が落ち込んでいたのです。財務状況を確認して驚きました。

「このままだと半年でキャッシュがなくなる！」

最初に感じた先行き不透明な感じがいきなり現実になり、一緒に入ったアティフと苦笑したものです。

そんなわけで、成長戦略を作るつもりで入ったものの、全社の5ヶ年戦略の策定、店舗戦略の策定などに加えて僕は、大規模なリストラに取り組むことになりました。

業績不振を乗り切るため人員を削減するのは、本来やりたくないことです。それは経営の失敗にほかならず、それを「改革」と自慢するなど恥ずかしいことだと僕は思います。が、このときはやらざるを得ませんでした。業務改革を進めることで極力、解雇は抑えたものの、それでも約100人の従業員に辞めてもらうことになりました。

日ごろ接することもなく、言葉の通じない人たちで、業績悪化の責任が僕自身にあるわけではないとはいえ、心苦しい経験でした。

そんな痛みを伴う改革のほか、戦略の見直しやKPIの導入などさまざまな施策が奏功し、営業利益率が半減するという危険な状態にあった同社の業績は大幅に回復。翌年には売上高営業利益率が6％改善、売上高販管費率は4％改善、粗利益も2％改善、在庫も大幅に削減するなど、目に見えて持ち直してきました。

しかし、あと少しで改革を完遂できるというところで、思いがけない出来事に見舞われます。


全社で無駄なコストの削減に取り組む中で、僕が気になっていたのは役員用の社用車でした。僕も毎日、運転手さんが社用車で送り迎えしてくれたので楽だったのですが、専用に高級車が与えられているのはぜいたくです。

一部の社員に辞めてもらうというリストラを行った以上、経営陣も身を切るべきではないか。僕は「役員用の社用車の廃止」を打ち出しました。

ところが、これに他の役員たちが猛反発。ドライバーたちも「職が奪われる」と反対し、ストライキを始める事態になりました。

雲行きが変わるとはこのことで、それまで僕とアティフが進めていた改革の方針に賛同していた経営陣らが手のひらを返して反対し始め、僕たちは孤立していきました。

今にして思えば、改革を急ぎ過ぎていたことがわかります。

これが合理的な道だと皆をロジカルに説得し、どんどん変化を推し進めたものの、他の人たちの心は付いてきていなかったのでした。変化の中で、不愉快な思いが募っていたのでしょう。社用車の一件を機にその不満が爆発したというわけです。

こうなるともはや改革は進められません。道半ばでしたが、僕とアティフは身を引くことにしました。2008年1月のことでした。改革を完遂できなかったことは残念でしたが、きわめて学びの多い濃密な2年間でした。

その後のメーターズボンウェイは、しばらくは業績拡大を続けました。しかし、当時の僕たちが提言した「土地を買い過ぎないように」といった方針から外れて突き進んだ結果、2014年頃から業績が悪化。その後も低迷しています。

ゼロからの出発、怒涛の10ヶ月で事業を立ち上げ

メーターズボンウェイを離れた直後に出会ったのがディッキーズです。アメリカで生まれ徐々に成長して各国に進出してきたディッキーズは、グローバル戦略の一環で新たに中国法人を設立することを決定。その立ち上げのメンバーとして、メーターズボンウェイで一定の実績を示していた僕と、カート・サーモン時代からの上司のアティフに声がかかったのです。アティフが社長、僕は副社長としてディッキーズ・チャイナの立ち上げに携わることとなりました。

当時の中国では、ディッキーズの認知度はほぼゼロでした。流通していなかったので当然です。しかも僕たちに事業立ち上げの経験はありませんでした。とはいえ、メーターズボンウェイでアパレルビジネス全体を見てきたため、事業が成り立つために何が必要かはわかっています。それを全部そろえ、やり切ること。シンプルに考えればそれだけです。

最初に行ったのはスケジュールの策定です。いつ店舗をオープンするかというゴールを先に決め、それに間に合わせるためにいつまでに商品を製造するか、そのためにデザインはいつどのように行うか、人はどれだけ要るか、というように、すべてをゴールから逆算して決めていきました。できるだけ具体的に、できるだけ細かく必要な作業を洗い出し、最適な順序を考えるのです。

もちろん、どんな顧客をターゲットに、どのような価値を提供するのか、といった戦略の立案も行いますが、ここでは僕の役割はコンサルタントではなく経営です。コンセプトや戦略の議論をしているだけでは物事は動きません。現実を動かしていくには、まずスケジュールを立てること。ゴールと時間軸を設定することによって、必要な行動を具体的に考えられるようになります。

それができたら、あとは着実に実行するのみ。製造してくれる工場を探す、条件を交渉する、契約チェックをしてくれる弁護士を探す、店舗の場所を決める、店舗のデザインを決める、従業員を採用する、従業員のマニュアルを作る、ＰＯＳレジを入れる手続きをする、業務管理システムを導入する、物流の仕組みを整える……挙げればキリがありません。

ビジネスは膨大な量の基本的な仕事の組み合わせによって成り立っています。一つ一つは決して複雑でも難しくもない仕事ですが、それを抜け漏れなく最適な順序で、整合性をとりつつタイムラインに沿って進めていくのは簡単ではありません。そこがマネジメントの腕の見せどころですし、おもしろいところでもあります。特にＳＰＡ（製造小売）モデルでのアパレルビジネスは、商品の生産から販売までの流れ全体を自社で作り上げるおもしろさが（大変さとともに）あります。

そのような膨大な量の仕事を、僕とアティフを含め計４人のチームでこなしました。とてつもなく忙しい日が続きましたが、自分たちの手でビジネスを一から作っていくのはこんなに楽しいものなのか、と実感する毎日でもありました。

休みもほとんどない怒涛の日々を経て、予定通り２００８年10月、中国でのディッキーズ第1号店をオープンすることができました。

オープン当日、初めてのお客さんたちが店内をぐるりと見渡しながら入ってくるのを出迎えたときの気持ちは忘れられません。

来てくれた嬉しさと、さあ自慢の商品を見てください、素敵でしょう、という誇らしい気持ちと、お客さんがどんな反応をするだろうかという期待と不安。服を手に取ってくれたときの喜び。

アパレルショップでお客さんに向き合っているスタッフの人たちが、日々感じているのであろうさまざまな思いを、僕はようやく実感できた気がしました。

出足は好調だったディッキーズ・チャイナでしたが、そんな中でアメリカの証券会社リーマン・ブラザーズの破綻に始まる世界的な大不況が発生。中国の消費市場も一気に冷え込みました。僕たちは初年度から波乱に見舞われることとなったのです。

人生を変えた出会い。完璧でない自分を受け入れたら道が開けた

ディッキーズ・チャイナはリーマン・ショックの後の苦しい時期をなんとか乗り越え、少しずつ業績も上向いていきましたが、まだまだ強い手ごたえは得られずにいた２０１０年の春、今度は既存店の売り上げが急激に落ち込みました。前期比25％ほどのマイナスです。僕たちは頭を抱えました。

売り方に問題があるのか。そもそも商品が悪いのではないか。このままではディッキーズの中国事業は失敗と見なされ、本社も撤退を考えてしまうのではないか。

心配が募る中、商品のデザインや生産体制を一新することも選択肢として念頭に置きつつ、僕はいくつかのデザイン会社と会ってみることにしました。

その中に、アパレル専門のデザインやマーケティングを手掛ける有限会社イーヴィアイの入澤一晃さんがいました。以前ディッキーズのライセンシーの業務のサポートに関わっ

ていたため会合などで会ってはいましたが、なんとなく僕とは話が合わない感じがして、あまり良い印象は持っていなかった人です。しかし、入澤さんには僕にはないファッションビジネスでの豊富な経験とデザイン等への専門的知見がありました。

「一度、中国に来てディッキーズの店舗を見てくれませんか」

実際に現場を見てもらい、課題を探してもらおうと考えたのです。

入澤さんは最初は断りましたが、「とにかく一度来てくれ」という僕の熱意に応え、2週間後に上海を訪れてくれました。

ディッキーズの店舗を眺めた入澤さんは、驚いたように言いました。

「これは無理ですわ……」

そして、なぜこんなことになっているのか、理解できない、というようなことを言います。

「平山さん、戦略とかコンセプトとかはあれだけ詳しくしっかり考えられているのに、どうして店舗がこんなに粗いんですか？」

「粗いですか……どこが粗いでしょうか？」

「もう、いろいろです。これを一から直すなんて、俺には無理ですわ」

「い、いや、すみません、どこをどう直せばいいか、教えてください！」

頼み込むと入澤さんはしぶしぶ動き出し、店内のあちこちを写真に撮って、整理して説明してくれました。

今にして思えばギャグのような失敗を、僕たちはあちこちで犯していました。一部の商品が多くのお客さんの手の届かない位置に置かれていたり、服の裾が床についてしまっている所があったり、畳み方から什器の配置にいたるまで、さまざまな点で基本ができていない所が多かったのです。

目からウロコの連続でした。「こんな状態でよく1年半も営業してきたものだ」というような調子の入澤さんを前に、僕は恥ずかしさも悔しさもなく、とにかくこの人の力を借りて、店を立て直そうと決意しました。

「お願いします。僕に力を貸してください！」

このときほど強く、心から、他人に助けを求めたことはなかったと思います。

それから入澤さんの全面的な協力のもと、当時20以上あった中国の店舗を1店ずつ２人で訪問し、店舗レイアウトや陳列の仕方を細かく改善していきました。

朝９時から始めて夜10時過ぎまでかかることも多く、地道で根気のいる作業でしたが、いま必要なことはこれだと僕は確信していました。自分たちはこれまで当たり前のことができていなかった。まずはそこから直さなければ――。

幸いすぐに効果は表れました。改善を行った店舗の売り上げが持ち直し、それからどんどん伸びていったのです。「置き方次第で売れ方が大きく変わる」のは本当でした。２０１０年の終わりごろには既存店の売り上げは前期比40％ものプラスになったのです。

僕にとって、入澤さんとの出会いとこの店舗改善の経験は、一つの転機となりました。それまで何事も自分で考え抜き、成果を出してきた僕でしたが、このとき自分には見えていなかったものがあることを理解し、それを補うために人の力を借りることを学んだのです。

同時に、ビジネスにおいては論理と感性、サイエンスとアートの両方が重要であることを、実感として理解したのでした。

設立、再建、ビジネスモデル変革…日中両国を駆けずり回る

中国事業の立ち上げとその後の業績改善を成し遂げた僕は、グローバル本社から次の任務として、日本法人の立ち上げを依頼されました。

上海での暮らしにも慣れてきたとはいえ、日本でビジネスできるのは魅力的です。もとより、日本と中国を包括的に「北アジア」としてとらえ、商品企画を共通化していくことは戦略上もメリットがあると以前から考えていました。僕は二つ返事で引き受け、今度はたった一人で立ち上げ準備を始めることになりました。

そんな矢先、東日本大震災が起こります。２０１１年3月11日、僕はそのとき出張で大阪にいて、事態の深刻さを知ったのは夕方になってからでした。「これは大変なことになる……」。ほどなくして原発事故の影響で外国人が続々と日本から退避していることが報じられました。

日本法人の立ち上げはいったん見送られるかと思いましたが、アメリカ本社からの連絡に驚きました。日本での事業展開を強力に後押しすると言うのです。

世界最高レベルの品質と感性が求められる日本で成功することこそが、グローバルでの成功につながる。ディッキーズの経営陣らはそう信じ、日本が国難を乗り越えることも固く信じているのでした。震災の発生から間もなく、本社からの投資が正式に決定し、7月に僕は日本法人を設立しました。

震災で悲観的なムードに覆われた日本。「未曽有の危機」による業績悪化に見舞われる企業が続出していましたが、負けるわけにはいきません。中国法人のときと同様、必要な作業を洗い出し、どんどん進めていきました。

もともとディッキーズは日本では伊藤忠商事を通したマスターライセンス展開（伊藤忠とのライセンス契約の下に商品カテゴリー別の複数のサブライセンスを設け、さまざまな事業者が生産・販売する）をしていたため、その引き継ぎも含めた立ち上げ業務は複雑なものになりましたが、なんとか1年で準備を整え、2012年7月に東京・吉祥寺に第1号店をオープン。初年度から大幅黒字を達成し、快進撃が始まりました。

ところが、僕が日本での事業にかかり切りになっていた間に、中国での状況がおかしくなっていました。

社長が推し進めた多角化路線が失敗し、業績が急速に悪化。2012年にはなんと赤字額が売上高を上回る（売上高8億円、営業損失10億円）というひどい状態になったのです。身を引くことを決めた社長は「経営を真也に譲りたい」と発言。僕は中国法人の社長を兼務することになりました。

日本と中国を頻繁に行き来する日々が始まりました。

中国では当時すでに全土に点在していた拠点を駆けずり回り、失敗した多角化路線の残骸を整理して無駄を排除。やむを得ず「自分が経営する間はこの1回限り」と決めて人員削減も行いました。商品企画を日本に一元化することで効率性とブランドコントロールを高めたほか、会社のビジョンや目標を個々の仕事に落とし込んで言語化し、わかりやすいKPIを設定。皆が意欲的に働けるように人事システムを刷新するなど、改革を進めていきました。

そうこうしていると、日本では安倍政権の下で円安が進行。原材料や生産を海外に頼るアパレルにとって円安はマイナス要因で、日本法人の業績が悪化し始めます。このままではいけないと、収益力を高めるためSPA（製造小売）に本格的に舵を切りました。

SPAとは商品の製造から小売までを一貫して自社が行うモデルです。もともと卸売で事業展開していたため、変革には当然ながら摩擦が生じます。僕は関係各社に丁寧に説明しながらビジネスモデルの転換を進めました。小売店との取引関係に配慮しながら直営店の出店を行い、どちらも大切にする方針をとったのです。

製造と小売が別でも、同じ組織のように協調して動いていくことができないだろうか……。この頃から僕が語ってきたのが「仮想ＳＰＡ」という考え方です。

小売店をチームの一員ととらえて、在庫データや他店での販売状況を共有し、店によって売れる商品に偏りが見られるなら余剰在庫を引き取って入れ替えるなど、柔軟に対応する。小売店に卸して終わり、後は知らない、という卸売ではなく、小売店をパートナーととらえてそのビジネスの成功をサポートする。このような、実質的にＳＰＡと同様に機能する関係性を取引先と築くことで、ディッキーズの事業は拡大を続けていきました。

現地市場に合わせたEC戦略で急成長！業績絶好調の中で訪れた転機

最悪の状態で経営を引き継いだディッキーズ・チャイナは、諸々の改革が奏功して2年半で黒字化し、劇的なV字回復を遂げました。業績拡大に大きく寄与したひとつの要因は、EC（インターネット販売）の急成長です。

中国では日本以上にインターネットショッピングが盛んで、EC市場の規模は世界一。最大手であるアリババの運営するショッピングモール「Tモール（天猫）」の流通総額はなんと35兆円にのぼると言われています。

当然、ディッキーズも、Tモールでも商品を販売していましたが、僕が経営を引き継いだ時点ではECはあまり儲かっていませんでした。

大きな原因は、値引きです。中国のECでは値引きが常態化しており、値引きをしないと売れないという状況でした。それも1割2割の値引きではなく、半額どころか7割引などが普通に行われていたのです。これでは利益になりません。それに、せっかく作った商品をたたき売るようなやり方をしていたら、ブランドの価値も毀損してしまいます。また店舗では2割引で売っている商品をECで7割引していたら、顧客は店舗を信用しなくなります。いろいろな意味で間違っていると感じました。

中国事業の成功のためにはECがきわめて重要と考えた僕は、まず同じ商品は店舗でもECでも同じ値引き率にするようにした上で、EC専用の商品ラインナップを作ることにしました。中国のEC市場の現況として値引きが常態化している以上、自分たちもある程度の値引きはせざるを得ない。でもそれが店舗への値下げ圧力となるのは避けたい。そこで、売るものを別にして、EC用の商品は市場に合わせて値引きできるように（値引きしても利益を確保できるように）原価率を調整して商品開発をしたのです。

とはいえ、大幅な値引きを常に行っているとブランド価値を損ないます。そこで、最初は市場全般の傾向に合わせて大幅値引きで販売したものの、次の年からはディッキーズのブランド認知の広がりに合わせて値引き幅を縮小していきました。

最初は値引き率に引かれて買った消費者も、実際に着てみれば品質がわかります。すると次回は値引き率が小さくても品質を評価して買ってくれるようになります。その繰り返しで、徐々に正規の価格で売れる状態に近づけていったのです。

こうした柔軟なプライシング戦略が見事に当たり、ＥＣの売上高は急成長。２０１７年には売上高全体の５割を占めるまでになり、ディッキーズ・チャイナのＶ字回復の牽引車となったのです。以前は店舗運営の片手間のような扱いだったＥＣに専任部署を新設し、個別のＫＰＩを設定したことも戦略の実効性を高めたと思います。

日本でも中国でも、グローバルブランドが失敗した事例でよく見られるのは、現地の市場への適応不足です。その国の市場のニーズがわからず合わせられない、合わせようとしても本社と折り合いをつけられない、合わせたつもりが流されただけ、といった例が多いようです。

たとえば、僕が値引きの必要性を一切認めず正価販売をゴリ押ししていたら、中国でのＥＣは伸びなかったでしょう。かといって市場に合わせて７割引を続けていても儲からず、ブランド価値も毀損して店舗にも悪影響が出たでしょう。アメリカ本社を説得できなければ、中国でだけＥＣ専用商品を作ることはできなかったでしょう。

市場に合わせるべき所と、ブランドとして守るべき所を明確にし、合理的な戦略を考え抜いたことでもたらされた成功でした。

こうしてディッキーズは日中両国で急速に業績を拡大。アパレル不況と言われる日本では初年度から増収増益を続け、中国では大赤字からのV字回復に成功しました。

売上高は小売ベースで日本は175億円、中国でも100億円を突破。大手に比べればまだまだ小さなものですが、若者に人気のセレクトショップ「STUDIOUS」を展開する東証一部上場企業TOKYO BASEの売上高が127億円（2018年2月期）ですから、上場しても違和感のない規模にまで成長したと言えるでしょう。

2015年、僕はディッキーズの北アジアプレジデントとなりました。グローバルな戦略構想の下、ベトナムにも進出し、アジア市場でのさらなる拡大を目指して動き始めたのです。

そんな矢先の2017年、アメリカの大手アパレル・フットウェアメーカーのVFコーポレーションがディッキーズを買収することが決定しました。

VFは「リー（Lee）」や「ザ・ノース・フェイス」など多数のブランドを傘下に擁する売上高1・3兆円の大企業です。ウィリアムソン・ディッキー本社の経営陣らは約900億円での買収を受諾。100年近い歴史を持つ「ディッキーズ」ブランドは今後も残るものの、経営の独立性は失われることとなったのです。

日本・中国の経営にも当然ながら影響が生じます。北アジアでの事業展開に対するＶＦの考えや方針を見極めた上で、僕はディッキーズを去ることを決めました。

辞めた一つの理由は、他社の方針の下で働くのではなく、自分の考えで仕事をしたいから。もう一つの理由は、日本のアパレルビジネスをなんとかしたいという思いです。ディッキーズを離れて、他のアパレル企業の経営改善のお手伝いをしようと決めたのです。

アパレルの事業改革請負人。戦略から実行まで徹底的にやる

2018年、僕は独立してグローバル・コマース・イノベーション合同会社を設立しました。アパレルビジネスの経営改革に取り組むプロフェッショナル企業です。

カート・サーモンのコンサルタントとしてアパレル業界に関わるようになってから15年。僕はアパレルビジネスのことなら何にでも対応できる力と自信を培ってきました。SPA、卸売、小売、ライセンスビジネス、EC、フランチャイズ、直営など幅広いビジネスモデルを経験してきたことは一つの強みです。また経営者として事業運営のすべてを見てきたこと、事業の立ち上げにも大企業の経営改革にも携わってきたことが大きな強みとなっています。

アパレル業界には――いや日本の産業界全体に言えることですが、プロフェッショナルの経営者と呼べる人が多くはいないのが実状です。

会社の経営では、いろいろな物事を最適な形で組み合わせること、全体が合致して機能するようにつなぎ合わせていくことが極めて重要です。しかし日本企業の伝統的な人事制度では、若いうちは下積みの仕事をしていろいろな部署を転々とし、管理職の経験を積んで50歳を過ぎた頃からようやく経営層になっていきます。会社全体の経営を見る経験をしないまま年をとるため、プロの経営者が育ちにくいのです。

その点、20代後半から経営者として仕事をする機会に恵まれた僕はラッキーでした。一人で日本法人を立ち上げる、入澤さんと中国の店舗を回って隅々まで改善する、大企業で組織改革を行うといった経験が、僕にリアルな経営とはどういうことかを教えてくれたと思っています。

たとえば、アパレルビジネスでは在庫が過剰に積み上がるという問題に直面するケースが多々ありますが、その要因はさまざまです。たとえば、

- 買い方の問題……仕入れの意思決定を大雑把にやっている。
- スペースの問題……店舗が大きいため、商品を多く置き過ぎてしまう。
- 組織文化の問題……組織内に「売り逃しは悪」という文化や雰囲気がある。
- 人事の問題……在庫回転率を業績の指標として重視していない。

他にも大小さまざまな要因があり得ます。問題が一つの要因だけで生じていることのほうがまれであり、多くの場合、さまざまな要因が絡み合って問題が生じているものです。複合要因による問題を解決するには、全体の構造を理解し、どこを動かせば効果があるかを読み解き、適切な順序で手を打たなければなりません。その判断をする上で、ビジネスのさまざまな面に関わってきた経験が生きてくるのです。

自分の得てきた経験を活かし、日本のアパレルビジネスの成長を支援したい。また、日本のアパレル業界に大局的な判断ができる経営人材を増やしたい。そんな思いで僕は新たな仕事をスタートしました。幸い、独立した直後から複数の企業にお声がけいただき、さまざまな事業改革に従事しています。戦略立案から実行まで。時にはクライアントに代わって取引先との交渉も行います。

さまざまなアパレル企業と関わる中で、新たな発見や学びもあります。歴史ある大手企業との仕事では、現場のベテランスタッフの接客スキルに唸らされました。一方で、せっかくのスキルを十分に生かせない店舗運営がなされていることに気づき心の中で「もったいない！」と叫ぶことも。

そして、いろんな課題を目にしながら僕は、やっぱりアパレルビジネスはおもしろい、と毎日のように思わされています。おかしな所が多々あるぶん、よくなる可能性も豊富にあり、描ける夢はいくらでもあります。成長をあきらめず、地に足をつけて取り組めば、こんなに楽しい仕事はない！　そんな思いを共有できる人たちと、僕はこれからのアパレルビジネスをともに創っていきたいと願っています。

次章からは、僕が実践し成果を上げてきた「当たり前のことを徹底する」経営手法とその考え方について詳しく紹介していきます。

第3章
アート&サイエンスが成功の鍵

未来がわからないからこそ、作り手の「思い」が大切

この章では、ディッキーズの経営のなかで僕が実践して効果を上げてきたこと、学んできたことについてお伝えしていきます。

先に述べたように、僕が行ってきたことは決して奇抜でも斬新でもなく、いわば「当たり前」のことばかりです。言い換えれば、本来当たり前になされるべきことが十分になされていない、それが今日のアパレル業界の不振につながっています。そして、この「当たり前のことができていない」状況は、実は他の業界にも蔓延していると僕は見ています。

そのため、これからお伝えすることは、アパレルビジネスに携わる方々にとっては特にわかりやすく、ご自身でも取り入れやすいと思いますが、他の業界の方にも参考にしていただけると考えています。

アパレルに限らず、昨今のビジネス・経済環境を語るときに決まり文句のように言われるのが、「変化が激しい」「不確実」「先行きが見えない」といった言葉です。

世の中が絶えず変化し、先行きがはっきりわからないのは、いつの時代もそうだったと思うのですが……変化のスピードが速くなっていることもあってか、今日そうした感覚を持っている人は多いようです。

変化が激しく、先行きが見えにくい時代にビジネスをする上で、いったい何が重要なのでしょうか。

ディッキーズ・チャイナの立ち上げ時、非常に印象的だった出来事があります。

それまで商品が流通しておらずブランド認知がほぼゼロだった中国市場に参入するにあたり、僕たちはまず消費者調査に力を注ぎました。中国のファッショントレンドを調べ、サンプル商品を用意して大勢の消費者にアンケートをとり、データを細かく分析していきました。コンサルティングファームで鍛えた分析力で導き出した結論に僕たちは自信を持ち、商品企画を決定。しかし……結果は大外れ。売れると思ったものが売れず、売れそうにないが品ぞろえとして外せないため用意していた商品がよく売れるなど、分析とはまるで異なる結果となったのです。

考えてみれば、消費者調査を行ったときから商品を製造して発売するまでには既に半年が過ぎており、市場の環境が少し変化していました。この期間に流行ったドラマで有名人が見せたファッションや雑誌の特集などがトレンドに影響を与えたりもしたでしょう。

そもそも一般の消費者は、自分が半年後にどんな服を買いたいかなどはっきり答えられません。店頭で目にした服や街中やメディアで見かけた服などにも影響を受けながら、そのときの気分で消費行動は決まるのです。

リサーチやデータ分析の限界を思い知った出来事でした。

現実のアパレルビジネスでは、こうした消費行動の「予測しづらさ」を念頭に、さまざまな商品を投入し、よく売れるものは生産を増やし、売れないものはすぐにストップするなど、売れ行きに応じて計画を随時見直していきます。つねに消費者の反応を見て、市場と対話しながら動いていくことが重要です。

もちろん、マーケティングやデータ分析も大切です。僕も多種多様なデータを細かく見て事業の状況を把握し、意思決定を行っていました。

しかし、データは基本的に過去を示すものであり、未来がどうなるかを正しく示すものではありません。結果の確認や現状把握には不可欠ですが、未来を見通せるものではないのです。

人は予測やデータを過大評価しがちです。「わからない」より「わかっていたい」という心理も影響するのでしょうか。ビッグデータやＡＩを使って未来を予測する、といったことが持て囃されていますが、それが大きな成果を上げた例があるでしょうか？　逆に、イギリスのＥＵ離脱の国民投票やトランプ氏が選出されたアメリカ大統領選など、リサーチに反する結果が出た例はしばしば見聞きします。

学校のお勉強とは異なり、ビジネスでは調査・分析によって正解が見えるわけではありません。パズルにいくら熟達しても、人がどんなものにワクワクするか、何に心を動かされるかといった、世の中の問題は解けないのです。

データ分析が過大評価されるのと対照的に、過小評価されがちなのが、作り手側の「思い」です。

商品に思いをこめたからといって売れるとは限りませんが、消費者を感動させられるのは思いのこもった商品だけです。

先述した業績好調なラグジュアリーブランドや、オーダースーツや、ユニクロのヒートテックのような商品には、作り手側の思いから発する独自のストーリーやこだわりがあり、それが消費者に支持されています。何の思いもない、すべて外注して作られた画一的な商品は、価格の他に訴えるポイントがないから値下げ競争をするだけです。

ディッキーズでは、当初の失敗の反省をもとに、調査・分析は参考情報として確認しつつ、「ディッキーズらしさ」を追求し、それを消費者に丁寧に伝えていくことでブランド認知を築いていきました。

先行きが見えない時代だからこそ、作り手側の「思い」が重要になっている。

これはアパレルに限らず、ものづくりの仕事では普遍的に言えることではないでしょうか。サービス業でも、他と差別化し消費者を引き付けるのは心のこもった「おもてなし」ですから同様かもしれません。

商品のコアな「価値」は、作り手の思いや発想が、消費者の心に響くことで生まれるのです。

ディスプレイから接客まで、「真実の瞬間」は店頭にある

アパレルビジネスにおいて、作り手の思いと同様に大切なのが、店頭です。

お店が重要なのは当たり前じゃないかと言われるかもしれません。繰り返しますが、僕が徹底してやってきたのは当たり前のことばかりです。敢えて記すのは、当たり前のことができていない例が多いからです。

アパレルビジネスの成功の鍵は、店頭にあります。商品企画も、製造も、物流も、財務も、情報システムもうまく整えられたとしても、消費者が商品に触れる「現場」が機能不全ではすべて台無しになります。

２０１０年にディッキーズ・チャイナの業績が悪化したとき、イーヴイアイの入澤一晃さんに頼み込んで中国に来てもらい、店舗を一つ一つ回ってディスプレイの改善を行いました。このとき改善したポイントは、今ではギャグだと思えるほど初歩的なものが多くあ

りました。

- 可動式に見える什器が実は可動式ではない。
- 一部の商品が低身長の人には手の届かない位置に置かれている。
- マネキンに着せている服の組み合わせが今一つおしゃれでない。
- 什器が低いためにカーディガンの裾が床についてしまっている。
- 客の動線の邪魔になる位置にマネキンが置かれている。
- 入口から見える位置に主力商品がなく、魅力的な店舗に見えない。
- 客が広げた服がたたみ直されないまま放置されている。
- 服を積み重ね過ぎており、広げないと商品の特徴がわかりにくい。
- カウンターの後ろに段ボールが雑然と置かれていて印象が悪い。
- 什器の間隔が広すぎて寒々しく見える／狭すぎて散らかって見える。
- 試着して鏡を見るとき他の客の視線にぶつかりやすい配置になっている。

他にもいろいろ、挙げればキリがありません。どれも些細なことのようですが売り上げに直結する問題です。

入澤さんと店舗を回った中で感じたのは、どれだけお客さんの身になって考え、その気持ちや感覚を想像できているかが、店舗のディスプレイに表れるということでした。この商品がこんなふうに置かれていたら魅力的に見えるとか、ここに什器があるとちょっと狭く感じそう、といったことは想像力を働かせなければ気づけません。実際にお客さんの行動を観察することも必要でしょう。

僕は自分が客としてアパレルショップに行くときも常にこのようなＶＭＤ（ビジュアル・マーチャンダイジング）の観点で上手に店舗が整えられているか注意して見るようにしています。しっかりできていると感じる店はやはり業績がよく、店頭が荒れていると感じた店はやはり業績が今一つです。ディッキーズ・チャイナが店頭の改善によって業績回復を果たしたように、店頭は決定的に重要なのです。

ＶＭＤと同様に、業績に直結するのが「接客」です。愛想よくお客さんに接するとか、商品の説明を適切にできるというだけではありません。お客さんには店員に声をかけてほしい人もいれば、声をかけられたくない人もいます。その違いや声をかけるタイミングを見極めることも大切ですし、押しつけがましいと思われないようおすすめしなくてはなりません。試着した客に対して、その人に合ったアドバイスができることも極めて重要です。

接客のスキルは売るスキルですが、売りさえすればいいわけでもありません。「似合いますね」と客をおだてて買わせて、実は似合わない服だった、では最悪です。気持ちよく買ってもらい、その後も満足してもらう。そんな本物の接客力は、簡単に身につくものではありません。

長い歴史を持つアパレル大手の中には、商品力やマーケティングには難があるものの店頭の接客はすばらしい会社がいくつもあります。長い年月をかけてベテランのスタッフが磨きながら受け継いできた現場力を活かせるかどうかが、そうしたアパレル企業の再生の鍵となります。

当たり前のことですが、商売は顧客にモノやサービスを買ってもらうことで成り立ちます。

スカンジナビア航空のCEOとして同社の再建に成功したヤン・カールソンという人が唱えた「真実の瞬間」という概念があります。スタッフが顧客と接するわずかな時間（十数秒）がビジネスの成否を決める「真実の瞬間」であり、そのわずかな時間の中でいかに顧客に価値を感じてもらえるかが重要だというわけです。

アパレルでいえば、お客さんが商品を買うことを決める瞬間。それがどんな瞬間になるかは、店頭のディスプレイやスタッフの接客によって左右されます。この「真実の瞬間」に注意を払わずに、戦略を練ったり財務をいじったりしても、ビジネスはうまくいきません。

あなたがどんなビジネスをしていても、業績を伸ばしたいなら、あるいは業績不振を打開したいなら、まずはお客さんと直に接するポイントに目を向けることをおすすめします。

時間ある限り店舗を訪問。ビジネスリーダーは現場を歩け

店頭の重要性について述べましたが、僕はリクルートで営業マンとして駆けずり回った頃から現場の大切さを意識するようになりました。コンサルタント時代にもよくクライアント企業の店舗に足を運び、現場を踏まえて課題を考えていました。

が、自ら現場の仕事を体験したのはディッキーズが初めてです。その前にいたメーターズボンウェイでは忙しくて店舗に行く余裕はなく、大企業の上層部の中だけで物事を考えていました。

ディッキーズでほとんどゼロから事業を立ち上げたおかげで、現場の具体的な仕事を自ら体験することになりました。

まず、商売をするには商品が必要。工場に頼んで商品を作ってもらわなくてはなりません。だから実際にいくつかの工場に足を運び、これからこういうビジネスをしたいと思っ

ていますので、こんな商品の製造をお願いしたい、と頼んで回りました。
グローバルなアパレル企業といっても中国では知名度ゼロ。工場もそう簡単には引き受けてくれません。しかも僕たちは、通常は最低でも数百枚単位でなければ作らないような商品を50枚ずつ色違いで8種類作ってほしい、といった細かい要求をしていたためなおさらでした。

上海から遠く離れた工場に汗をかきつつ出向き、英語の通じない工場の経営者に通訳を介して夢を語り、身振り手振りで情熱を伝える。日本でも同じですが、中国の会社経営者にも「意気に感じる」タイプの人がいます。「お前がそこまで言うなら、信じて作ってみよう」と言ってくれる人が現れ、そのおかげで中国での事業を始めることができました。とにかく現場の「人」を動かすこと。ビジネスはそこからしか始まらないのだと実感した体験でした。

そういうわけで、経営者時代はできる限り頻繁に店舗を訪問し、現場の状況をつかみ、スタッフの人たちが力を発揮できるように努めてきました。

訪問の際は、店舗のスタッフと直接話す時間を必ずとって、課題や経営側への要望をヒアリングしたり、個々の仕事の意味やブランドのコンセプトをしっかり理解してもらえるよう説明したりしました。自ら販売スタッフとなって接客の見本を示すことはできませんでしたが、一人ひとりの接客の仕方がどれほど重要か、売り場での一つ一つの仕事がお客様に、そして会社にどんなインパクトをもたらし得るのかを伝えることで、プロフェッショナルとしての行動を促していったのです。

世間一般では、販売の仕事は「売り子」などと称され低く見られているように感じますが、すでに述べたように、アパレルビジネスの最前線は店頭です。他の業界でも、「真実の瞬間」を左右する「現場」の価値と重要性は、もっと意識されるべきだと僕は思っています。

だからこそ、アパレル業界でしばしば見られる、若いスタッフを安い給料で酷使し、使い捨てにするような店舗運営は改められなければいけません。社会保険がないとか、売れ残った商品を自腹で買うことを促すといった慣行も言語道断です。

顧客への価値提供に携わる人たちが、誇りをもって働ける。そんな現場を作らなければ、ビジネスは成功しないし、働く人たちも幸せになりません。

中国では、働くのは「お金のため」と割り切って、決められた以上のことはしない、特に思い入れも持たず淡々と仕事をこなすという人が少なくありません。日本人に比べると仕事が粗い傾向もあります。そしてディッキーズの店舗スタッフも、特段のスキルも高い学歴もない、ごく普通の人たちでした。

しかし、通訳を介してでも、仕事の意味について経営者が直に語ったことは、彼らの心に伝わったと感じます。徐々に接客レベルが上がり、当初は大雑把だった社内報告も具体性と正確性が増していきました。

現場の「人」がプロ意識をもって働くこと。目覚ましい増収増益はその結果としてもたらされたのです。

日本のビジネスリーダーで、顧客との接点である「現場」を日常的に見ている人はどれだけいるでしょうか。業績や組織のあり方に課題を抱えている会社は特に、この点を意識してみるとよいのではないかと思います。

事業のすべてを有機的に結合し、シンプルな戦略をつくる

企業経営とは、端的にいえば、価値が生まれる「真実の瞬間」を生み出すために、関係するあらゆる要素を最適なかたちで組み合わせることです。

僕は自分の経営手法の特徴の一つを「事業のすべてを有機的に結合し、シンプルな戦略をつくる」と表現しています。

まず、事業の「すべてを有機的に結合」すること。商品企画、製造、物流、価格設定、店舗設計、ディスプレイ、接客、広告、人事、財務、情報システムなど、事業には実にさまざまな要素が関連しており、すべてがかみ合って動いていかなければ、うまくいきません。「有機的」とは、個々の要素が密接な関係を持ち、互いに影響し合っている状態を意味します。硬直した関係性ではなく、ある部分が動けば他の部分もそれに合わせて動く、柔軟で、全体が生き物のような一体感を持って動くイメージといえばわかりやすいでしょ

うか。

そして、「シンプルな戦略」をつくること。すべてがうまくかみ合って動くためには、明快でシンプルな戦略が必要です。複雑でわかりにくい戦略はブレや迷いを生じやすく、一貫性や整合性を保つのが難しくなるからです。戦略は組織の誰もが理解し、個々の行動に反映させられるシンプルなものでなければいけません。

たとえば、紳士服を提供しているアパレルブランドが、就職活動に臨む学生向けのキャンペーンを行うとしましょう。

昨今は就職活動での装いも多様化しているため、昔のリクルートスーツだけではない品ぞろえが必要です。「お客様一人ひとりの就職活動に最適な装いを提案する」ことを戦略とします。

その実現のために、商品企画はどうあるべきか。昨今のトレンドを踏まえつつ、個性を表現しやすいようカラーや型やディテールを以前より多様化させるのがよさそうです。業界によって向き不向きもあります。伝統ある日本の金融機関では今でも濃紺の無地のスーツが定番かもしれませんが、カジュアルな服装で働くのが普通のIT企業やテレビ局などの面接に着ていくと、会社に合わない人と思われかねません。きちんとした感じを保ちつつ、おしゃれでセンスよく見える服を、コーディネート含めて提供する必要があります。店頭のディスプレイでも、そういった画一的でないコーディネートを訴求し、広告やテレビCMでは、現在の学生層の間で好感度が高く年齢も近い芸能人を起用します。広告のタイミングも彼らが就活の準備を始める時期に合わせて設定しなければなりません。販売スタッフも就職活動のトレンドを知り、個々のお客さんの志望業界に合わせた提案ができるようにする必要があります。

もちろん各店舗の商圏や客層を踏まえて、各店に置く商品ラインナップや販売する数量、生産量も設計しなくてはなりません。予算も適切に配分しなければいけませんし、人事評価上のKPIを施策の実行状況に連動させていくことも必要です。

これらすべてを「お客様一人ひとりの就職活動に最適な装いを提案する」ために整えるのです。事業のあらゆる側面、会社の仕組みのすべてを有機的に結合するとは、そういうことです。

要するに、ビジネスの各要素の整合性をとることが大切です。

当たり前のように思われるでしょうか。しかし、これを徹底できている会社は意外に少ないように思います。

事業のすべてを有機的に結合する

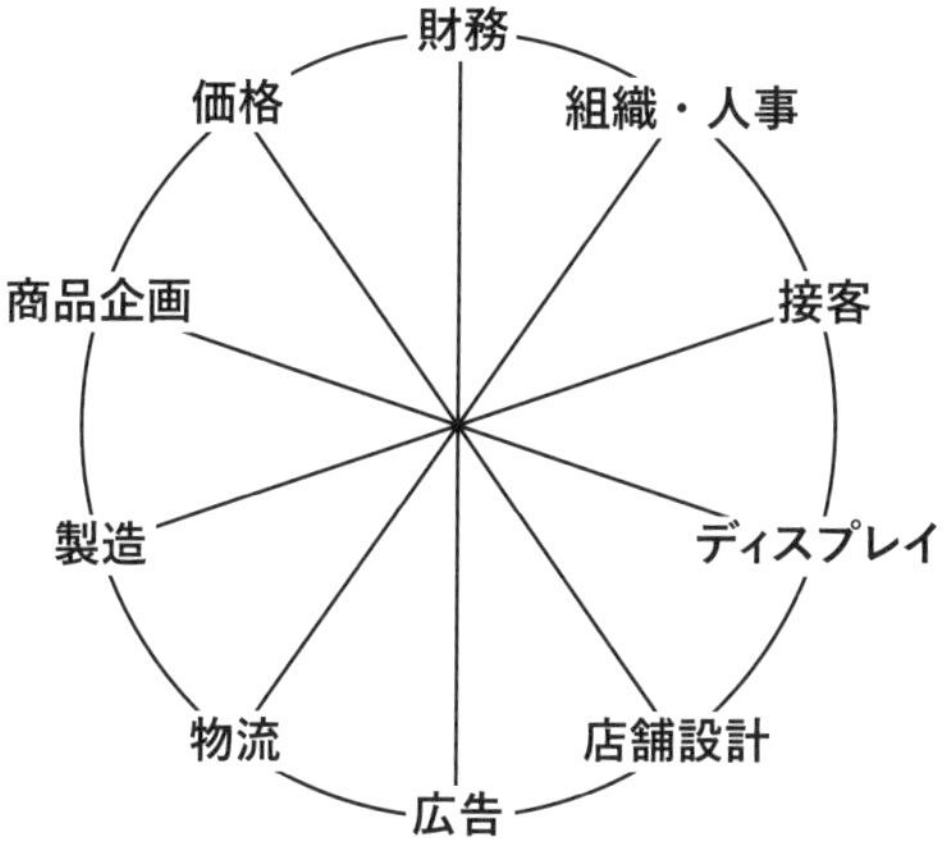

ある百貨店のシャツ売り場に行ったときのこと。高品質でデザインも良いシャツを多数取りそろえていて選ぶのが楽しかったのですが、接客した店員が知識不足で、こちらの質問にろくに答えてくれません。ちょっとがっかりしました。その一事でお店に対するイメージや信頼感が半減してしまったからです。

また、長い歴史のあるアパレル企業が新たに始めたプライベートブランドの商品について、イタリアの高級ブランドを手掛ける工場で製造したことをアピールしているのを見て唖然としたことがあります。

高級ブランドの虎の威を借りて「同じ工場で作りました」と自社商品をアピー

ルし、それを「ブランド」と称するなんて、悪い冗談のようです。なぜもっと真面目に考えないのか、不思議に思います。

大切なのは、一つ一つの仕事がどんな意味を持つのか、個々が全体の方針と一致しているかに意識を向け、どうすれば最適な状態を作れるか、まずは経営陣がよく考えることです。

よく考えること！　これは一見とても当たり前のことなので、ビジネス書や経営誌ではあまり語られないようです。業績不振に悩む人に、「よく考えろ」と言っても何の役にも立たないと思われるかもしれません。

しかし、本当にそうでしょうか？　「自分は事業について十分に考え抜いている」と自信を持って言えるでしょうか？　考えることを怠ったまま、目新しい施策や奇抜なアイデアに飛びついたりしていないでしょうか？　事業がうまくいっていない会社の人は、まずそこから見直してみてほしいと思います。

「らしさ」は何か？
アイデンティティを問うことの大切さ

事業のすべてを有機的に結合し整合性をとることとは、アパレルビジネスで特に重要な「ブランド」を築くこと、守ることに直結します。ブランドという言葉が安易に使われているきらいもあるので、僕はよく「らしさ」という言葉を使います。

「らしさ」を持ち、大切にしている良い例が、無印良品です。

無印の店内に一歩足を踏み入れれば、穏やかで心地よい独特の雰囲気に包まれます。商品群のシンプルな美しさ。ナチュラルな什器の配色、耳障りにならない軽やかなBGM、控えめな自然体の接客など、あらゆる要素が「無印らしさ」を作り出しています。どの店舗に行っても同様の印象を受けます。シンプルなのに独特で、他社には真似できない「無印らしさ」が確かにあります。

ディッキーズ・チャイナを立ち上げたとき、僕が十分にできなかったのが、このような「らしさ」を生み出すことでした。アメリカの既存商品のイメージを踏襲しただけで、ディッキーズがどんなブランドなのかを徹底して考えることができていなかったと思います。リーマン・ショック後の業績悪化から入澤さんとともに店舗の改善を進める中でようやく、「らしさ」を作ることの難しさと大切さを実感しました。

そこで日本法人を立ち上げる際には、まず「ディッキーズらしさ」とは何かを時間をかけて考えることにしました。

手掛かりにしたのは「歴史」です。1922年にアメリカで創業されたディッキーズ。それがどんな時代背景のもとに生まれ、どんな商品が人々に支持され、どのように変化してきたのか。アメリカの本社から資料を取り寄せ、会社の軌跡を追っていくと、ブランドの核にある「ディッキーズらしさ」が浮かび上がってきました。

こうして生まれた、ディッキーズのブランド説明として公式に使っている文章を少し紹介しましょう。

アメリカが誇る世界的なワークカジュアルブランド「Dickies（ディッキーズ）」。Dickiesの共同創業者であり、いとこ同士であるC・N・ウィリアムソンとE・E・ディッキーがワークウェアの生産を開始したのは1920年代。アメリカンドリームの実現に向けて沸くまっただ中でした。２人は全米各地の「働く現場」を回り、農夫、鉱夫などそれぞれの仕事が持つ特性を調査し、働く人のためのウェアを作り上げました。労働者のニーズに合わせ様々な工夫が施された製品は、瞬く間にアメリカ全土に深く浸透しました。第二次世界大戦中、政府の要請を受けて、何百万枚もの制服を生産します。大戦後の50年代、地元テキサスの石油労働者向けに作り出したのが、今なお世界で最も愛されるワークパンツ「８７４」です。丈夫で汚れにくく、どんな体型の人にもフィットする……まさにブランドの精神を具現化したともいうべきこのパンツは、爆発的にヒット。世界各地の労働現場へと広がっていきます。労働者の声を聞くという姿勢は引き継がれ、ブランドのポリシー「FIT YOU, FIT YOUR JOB」の礎ともなっています。

ディッキーズがどんなブランドなのか、何を大切にしているのかが、歴史を踏まえることでわかりやすく示されていると思います。

また、歴史をひもとくことは、ブランドの意外な側面を知り、アイデンティティを見つめ直す手掛かりにもなります。

たとえば、874ワークパンツは3M社のスコッチガードという技術による撥水加工を施しており、汚れにくい、型崩れしにくいという特徴があります。売り出された当時、それは非常に画期的でした。だからこそ大ヒットしたのです。

つまり、「長い歴史がある」とか「労働者のための服」というだけでなく、ディッキーズには「革新性」という面もあったのです。また共同創業者のエピソードからは、「顧客志向」を創業時から大切にしていたこともわかります。

こうして見えてきた「らしさ」を基盤にして、ディッキーズのあるべき姿、ビジョンや戦略を描いていったのです。

僕たちが掲げたのは「お値段以上の感動への、あくなき創意工夫」という言葉でした。「お値段以上」はワークパンツという商品が持つ「値段が手頃」という性質を、「感動」はカジュアルブランドとしてこれから目指すべき価値提供の方向性を表したものです。「あくなき創意工夫」は創業時からブランドの核にある姿勢です。このように、歴史を踏まえつつ未来志向でディッキーズらしさを言語化したのでした。

「ディッキーズらしさ」をしっかりと考えたことの効果は絶大でした。「らしさ」に根差して立案されたビジョンや戦略は「こうあるべきだ」という強い説得性を持ち、スタッフも十分に理解・納得して追求できるものになります。「らしさ」に根差しているからブレません。判断を迫られる局面では、「らしさ」に立ち返って考えれば自ずと進むべき道が見えてきました。

たとえば、レディースの商品企画。これは立ち上げ当時の僕たちが悩んだテーマの一つでした。もともとディッキーズは男性向けのブランドというイメージが強かったためです。女性が着たいと思えるような、それでいてディッキーズらしい商品とは何か。「らしさ」に照らして考えた結果、値段が手頃で機能性・耐久性が高く、アメカジ（アメリカン・カジュアル）の雰囲気を備えた商品や、発祥の地であるテキサス州の木「ペカン」をモチーフにしたデザインなど、ディッキーズならではのレディース商品が生まれることとなりました。今ではディッキーズは女性にも人気のブランドとなっています。

今の僕がアパレル企業の経営改善に取り組むときも、まずクライアント企業の歴史をひもとくことにしています。歴史からその企業の核にある「らしさ」を見出し、その上に新たなものを加えていく。そうすることで、その企業に適した成長や変革の道筋が見えてくるのです。

人間も同じでしょう。人は変わることができますが、他人になれるわけではありません。

自分らしさを捨てて他の誰かになろうとしても、うまくいかない。自分らしさの上に新たなものを獲得していくことが大切なのだと思います。

あなたの会社の「らしさ」はどのようなものでしょうか？　製品やサービスに「らしさ」はありますか？　そこに事業を成長させる大きなヒントがあると思います。

変わることと変わらないこと。ブランディングは終わりのない仕事

「らしさ」が大切だと述べましたが、昔ながらのあり方を闇雲に守るべきだということではありません。

事業環境が変化している以上、「らしさ」も変わっていくことが求められます。またアメリカと日本、中国では消費者の好みや体型や流行にも違いがあり、まったく同じ商品が全世界で同じように通用するものでもありません。

重要なのは、自分たちの「らしさ」を捨てて、どこからか別の「らしさ」を移植したり模倣したりするのではなく、従来の「らしさ」の上に新たな要素を加えて、アップデートしていくことです。

ディッキーズでの商品企画に際して、僕たちが頻繁に口にしたのが「これはディッキーズらしいのか？」という問いでした。

このデザインは、この価格設定は、このディテールは、ディッキーズらしいと言えるのか。スタッフ間で侃々諤々の議論を重ねるなかで、皆の間で「ディッキーズらしさ」への共通理解が生まれ、判断の精度も上がっていきました。

そのプロセスを通して、日本のディッキーズ「らしさ」は、基本的性質を保ちながらも日本市場のニーズに合わせて進化し、アメリカのディッキーズらしさとは微妙に異なるものへとアップデートされていったのです。

「らしさ」とニーズのバランスをとる上でも重要なのは「現場の声」です。

ディッキーズ・チャイナの経営を引き継いだ当初は、朝から晩まで店を回って現場のスタッフと対話を重ねました。店舗それぞれの課題意識を聞き、現場に何が必要かをともに考えていったのです。スタッフから商品に対して「こんな商品を作ってほしい」「この商品はこの地域の客には合わない」といった意見や要望を受けることも多くありました。

日本の社員から「社長自身がそこまで頻繁に店舗に行かなくてもいいのでは」と言われることもありましたが、ブランドを根付かせる取り組みには、特に初期段階においてはトップ自らが十分な時間を割くことが必要だと考え、出張旅費の多さに眉をひそめる経理担当をなだめつつ中国各地を足繁く訪れました。

もちろん、現場の声をすべて取り入れるわけではありません。特に「今これが流行っているから、うちでも出すべきだ」といったアイデアには要注意。トレンドを追いかけ続けるファストファッションならそれでもいいかもしれませんが、多くの場合それは「らしさ」を犠牲にするリスクを伴います。

たとえば、２０１６年半ばにユニクロの業績が一時的に悪化したことがあります。２０１４年に５％、翌年に10％と2年連続で値上げをしたことで客足が遠のき、純利益が前期比でほぼ半減したのです。多くの消費者が感じていた「安い割に高機能」というユニクロ「らしさ」が値上げによって損なわれたことが一因と言われます（同社はその後すぐに価格戦略を見直し値下げを行いました）。

ディッキーズでは、綿・ポリエステル混紡のワークパンツが定番商品の一つですが、中国では当初、「生地が硬すぎて売れない」と言われていました。「中国人はもっと柔らかいものを好む」と。たしかに当初の売れ行きは鈍かったのですが、働く人のための丈夫な服というディッキーズ創業時からのアイデンティティにこだわり、僕は変更を認めず、現場スタッフにこの商品の価値と意味を伝え続けました。すると今では中国でもよく売れる定番商品になっています。

現場のニーズとブランドの「らしさ」とを比較考量し、取り入れられるものは取り入れ、受け入れられないところは丁寧に対話して理解を求めること。その大切さを実感した出来事でした。現場への説明がしっかりできれば、それが消費者に伝わっていくからです。

ブランディングというと、広告など派手な取り組みを思い浮かべる方が多いかもしれませんが、本質はそうではありません。ブランディングは「約束の積み重ね」です。商品、接客、店舗の雰囲気など、顧客とのあらゆる接点における約束を実現していくことであり、日々の地道な仕事の積み重ねです。

守るべきことと、時代や環境に応じて変化していくべきところを見極めながら、現場との丁寧なコミュニケーションを行うこと。その終わりのない作業によってブランドは培われるのです。

ビジョンに数字をつければ、実現への道が見えてくる

作り手側の思いや現場の大切さ、ブランディングの本質についてお話ししてきました。これらに加えて、忘れてはならないのが「数字」です。

経営ではビジョンが大事とよく言われます。目指すべき姿を描くことが大切なのは当然ですが、それが本当に機能するかどうかは別問題。ビジョンが「ただのスローガン」になったり、絵空事になったりしている例も多いのではないでしょうか。ビジョンがあっても行動につながらない、誰も本気で目指そうとしていない、といった問題意識を示す経営者は少なからずいます。

その原因は、数字が欠けているからです。

ビジョンはそれを目指す行動につながらなければ意味がありません。ビジョンを実効性あるものにするには3つの要件があります。

1つ目は、誇大妄想のような非現実的なものではなく、実現を思い描けること。あまりにも現実離れしていてはいけません。

2つ目は、従業員がわくわくできるものであること。こうなれたらすごいね、という感覚で受け止められるものであるべきです。

3つ目が、数字に落とし込むこと。観念的・抽象的に語るだけではだめで、数字に落とし込むことが必要です。

よく見られるのは、ビジョンと理念の混同です。たとえば、「お客様に心から愛されるアパレルブランドになる」といったものは、ビジョンとしては機能しません。お客様に心から愛されるとは具体的にどういう状態を指すのか、どのくらい愛されることを目指すのかがわからないからです。これは「理念」であり、ビジョンとしては機能しないのです。

「顧客満足度ナンバーワンのアパレルブランドになる」であればビジョンになり得ます。ただし、そのためには顧客満足度を計測し、業界他社と比較できなければいけません。そうでないとナンバーワンになれたかわかりませんし、現在どの程度の位置にいるのかもわかりません。

具体的な数字を語ることには大きな効果があります。「3年後に売上高100億円」といった単純な目標であっても、具体的な数字を一つ設ければ、次は「そのためには1年で

実効性あるビジョンの３つの要件

ここまで行く必要がある」とか、「この商品の売上高を倍増させることが不可欠」など、さらに具体的な目標や行動が思い描けるようになるのです。

ディッキーズでは、ビジョンに即して売上高や利益率といった数字の目標を設定し、それを個々の予算に反映させ、進捗を週次で見えるようにシステムを整えていました。毎週、自分たちがどこまで来たかを確認し、ペースを整え、歩みを進める。愚直にそれを繰り返すことで、増収増益を続けることができたのです。

最近は、成果主義で職場がぎすぎすしたとか、数値目標をクリアするために過労に陥ったとか（不正が蔓延した東芝のような事件もあり）、数値的な目標を持つことがネガティブな文脈で語られることがあります。

僕も、数字がすべてと言うつもりはありません。目先の数字を追いかけるあまり、顧客の信頼を損ねたりブランドを傷つけたりするような行動をとるのは大間違い。数字自体を金科玉条にするのはナンセンスです。

しかし、数字がなければ、ビジョンに至る道で自分たちがどこにいるのかがわかりません。取り組みの成否もわかりません。

ビジョンは目的、数字は手段と考えればよいでしょうか。

手段が目的になってはいけませんが、手段がなければ目的は実現できないのです。

これはビジネスに限ったことではありません。

慈善事業でも、財団などがいくらの予算で何人を支援した、このぐらいのインパクトを生み出した、と数字で活動を評価しています。

アスリートはスコアを記録し、目標を持つことで技能を高めていきます。

作家は一日に何字書くと決めることで長編小説の連載をこなします。

数字があれば、予定から外れていたときは軌道修正ができますし、取り返しのつかない失敗を避けることも可能になります。

数字にすることで実現への道筋が見えてくる。それだけのことです。

逆に、数字を伴うことなくビジョンや夢を語るのは、そこに至る道筋を考えずに到達できると思い込むこと、あるいはホラを吹くことにほかなりません。どうすればなれるかも知らずに「サッカー選手になりたい」と言う子どものようなものです。子どもならよくても、いい大人がそんな調子でビジョンや夢を語るのは、恥ずかしいことではないでしょうか。

予算は2つの方向からつくり、丁寧にチューニングする

会社にとって数字といえば、まず予算です。予算をどのように作るか、それをどう扱うかは、会社の業績にきわめて大きな影響をもたらします。

ディッキーズでは、2つの方向で予算を策定していました。

1つは、ボトムアップで作ってもらう予算。社内の各チームや各店舗のスタッフが自ら考える予算です。現場の実感や見通しや意欲に即した数値が出てきます。それを集約し、経営側の視点とすり合わせを行って完成させます。これはメンバーが仕事をする上での指針となる「ターゲット予算」です。

もう1つは、経営上の公式な予算です。業績予想や資金繰り、投資の意思決定などはこれをベースに行います。ターゲット予算よりもやや控えめな数字を設定していました。

2種類の予算を設けたのは、僕が経営したのがディッキーズの日本法人・中国法人で、

予算は2つの方向からつくる

ターゲット予算	
ボトムアップで策定	
売上高	110
原価	50
販管費	40
利益	20

公式予算	
トップダウンで策定	
売上高	100
原価	50
販管費	40
利益	10

アメリカの本社に報告する必要があったためもありますが、これは親会社のいない会社でも有意義な手法です。

まず、コンサバな公式予算で計画しているため、ターゲット予算が未達になった場合に会社全体に深刻な悪影響が及ぶのを防ぐことができます。

そして公式予算よりも目標の高いターゲット予算を持つことで、適度なストレッチが促されます。テストにたとえると、最初から80点を目指していると70点に終わったりしますが、100点を目指すと未達でも90点を取れたりするものです。

難しいのは、公式予算とターゲット予算にどのくらいの差をつけるかです。ターゲットがあまり高すぎると従業員が過大な負荷を感じたり、あきらめたりする恐れがあります。低すぎると本来の可能性を活かせないとか、未達の場合に公式予算をも下回るといったことにつながりかねません。正解はなく、組織によって適切な幅は異なると思います。

もちろん、予算は人事評価にも関わります。

僕は経営の大方針として、従業員にできる限り報いることを大切にしてきました。個々の働きをきちんと評価し、業界平均を上回る給与を支払い、成果を出している限りは毎年必ず昇給を行うことを経営者の義務ととらえてきました（そのためにも業績を伸ばすことが必要です）。

ちなみに、全員の給与を一律に上げる、いわゆる「ベースアップ」は一切行いません。個々人を成果に基づいてきちんと評価するため、一律適用はあり得ないのです。会社が増収増益を続けたため結果的には大多数の従業員が毎年昇給していました。

特に工夫してきたのはインセンティブです。業績連動型の報酬制度を取り入れるべきか、どう設計するかは、頭を悩ませる方の多いテーマではないでしょうか。

一般的に、営業職など、自分の働きで直接的に売上をつくることができる職種の人にとっては、業績連動型のインセンティブは機能します。自分が成果を上げればそれだけ給料が増えるのだから当然です。もちろん、個々の担当地域や担当顧客によって期待値は異なるため、その点は考慮します。その上で、成果にフェアに報いることを徹底していました。

また、バックオフィスや開発部門など、自分の仕事が売上や利益に直結しない職種の人もいます。この人たちには、業績連動のインセンティブは営業職のようには機能しません。営業職と同じ仕組みで報酬を決めるのでは、報酬に対する納得感の低下につながるでしょう。

ディッキーズでは、基本給は固定額で支給した上で、ハイリスク・ハイリターン型（業績が良ければ多くの金額が得られるが、悪ければわずかしか得られない）と、ミディアムリスク・ミディアムリターン型（業績が良くてもほどほどの金額だが、悪くても一定の額は得られる）の2種類の算定方法でボーナスの支給額を決めていました。たとえば、かなり単純化して言えば次のような設定です。

- ハイリスク・ハイリターン型……目標をクリアすれば年収の50％、未達なら0％
- ミディアムリスク・ミディアムリターン型……目標をクリアすれば年収の35％、未達

なら15％

どちらも期待値は25％となります。営業や販売の社員には前者を、バックオフィスや企画開発の社員には後者を適用するというわけです。

先ほどのターゲット予算と公式予算の差と同様に、インセンティブの設計にも一つの正解はありません。職種や組織文化によって適したあり方は異なります。職種に合わない制度にしてしまうと弊害や形骸化もあり得るため、慎重に設計する必要がありますし、従業員の意見や反応を踏まえてすり合わせていくことが大切です。

重要なのは、数字の目標をきちんと持つこと、それが機能するように報酬などの人事制度を整えること。そして実態に合うように数字を適宜、調整していくことです。

僕が事業改革のお手伝いをしているクライアント企業の経営陣に、人事・給与制度の変更を提案すると、「歪みが生じる」「混乱の恐れがある」「ある層の不満が高まる」などと尻込みする方が少なくありません。

実際、うまくいく仕組みをすぐに作ることは不可能です。新たにインセンティブを導入したり、制度を変更したりすると、必ず不満を持つ人が現れます。多少の混乱や弊害も生じます。それを踏まえて制度を見直し、より適切なあり方にチューニングすることが大切です。時間をかけて精度を上げていけばいいのです。

改革失敗からの教訓。アートとサイエンスのバランスが大切

数字の大切さはいくら強調してもし過ぎることはないのですが、一方で、ビジネスは数字のように合理的な面だけで成り立つものではありません。

ビジネスや経営においては、アートとサイエンスの両立が大切です。「アート」とは感性、感覚的な判断を指し、「サイエンス」とは科学的、合理的な分析や思考を意味します。右脳と左脳と言ってもいいでしょう。この両方をバランスよく用いることが重要です。

ディッキーズの前に戦略担当役員として関わったメーターズボンウェイで僕が推進したさまざまな事業改革は、役員用の社用車の廃止というひとつの施策をきっかけに、強い抵抗に遭って頓挫しました。

このとき感じたのは、組織には耐えられる変化の総量に限界があるのだということです。

組織によって変化への耐性、適応力には違いがあると思いますが、許容量になんらかの限度がある。1年でここまでは変われる、でもこれ以上はまだ受け入れられない、といった限界があり、そこを超えようとすると一気に抵抗が増すのです。

そうした限界は頭で考えるだけではわからず、関係する人たちの言動や表情から読み取ったり、現場の声に耳を傾けたり、変わることを迫られた人たちの気持ちを想像したりすることが不可欠でしょう。

いま思えば、当時の僕は戦略や財務やサプライチェーンなど、ロジカルに考え変革する話ばかりしていました。古参の役員や一般の従業員らが最も思い入れを持つはずの商品や店舗の改善については特に関心を示さず、「サイエンス」の領域だけ見て、数字と論理が指し示す道へと一気呵成に進もうとしていたのです。アパレル業界で生きてきた人たちの気持ちには沿っていなかったと思います。

「アート」の領域の大切さを教えてくれたのは、中国参入前に行った消費者調査や分析とは異なる結果が出たという事実や、入澤一晃さんとディッキーズの中国の店舗を回って陳列方法の改善をした経験でした。

サイエンスとアート、どちらの能力も高いレベルで備えている人はまれでしょう。

僕自身の強みは、どちらかといえばサイエンスの方にあり、論理立てて物事を考えるのが得意です。しかし、アートの領域の重要性を理解したことで、かつてはあまり顧みなかった自分の直感的な判断や感性をより大切にするようになり、またアートに強い人の声に耳を傾けるようになりました。入澤さんのような人に補ってもらって、2つのバランスをとることができた面は大きいと思います。

しかし、自分がサイエンスかアートのどちらかに偏っていたとして、それを補ってくれる人とチームを組めばうまくいくかと言えば、必ずしもそうではなさそうです。

ディッキーズの日本法人を立ち上げた際、僕はアートとサイエンスのバランスの良い組織をつくろうと、意識的に2つのタイプの人材を採用しました。もともとアパレル業界で働いてきた「アート」に強い人々と、コンサルティング会社や金融機関などさまざまな業界でビジネススキルを磨いてきた「サイエンス」に長けた人たちです。僕がもともとそちらの業界にいたため、昔からの知人も何人か加えました。合計20人ほどのメンバーを集め、事業をスタートしました。

しかし、ことはそう簡単にはいきませんでした。両者がそれまで生きてきた文化には大きな違いがあり、心がわかり合えなかったのです。前者はアパレル業界の現場たたき上げの人もいる一方、後者は概して高学歴のビジネスエリート的な人たち。互いに歩み寄ってバランスをとるどころか、それぞれの強みで押し通そうとするような接し方もしばしば見られ、組織の雰囲気にもよくない影響が生じてしまいました。結果的に、「サイエンス」側の人たちの多くは離れていきました。

一人ひとりの中に、アートとサイエンスの両方に対する敬意があることが大切です。アートに強い人、サイエンスに強い人と、人によって得意不得意があるのは仕方ないとしても、お互いに対する敬意を持っていなければ、チームでバランスをとることができません。

このことは、創造的な仕事がますます求められるようになっている今日の事業環境において、アパレルに限らず多くのビジネスパーソンについて言えることではないでしょうか。

僕は、自分の強みがサイエンス側に偏っているのを自覚したため、アートの領域の力も養おうと、デザインに定評のあるブランドのさまざまな店舗を週末に回ったり、海外の展示会に行ったりしていました。良いものに触れることで、自分の感覚も磨いていけるのではと考えたのです。

それで僕の感性がぐっと高まったかといえば、自信はありません。デザインの良し悪しの判断など、その道のプロフェッショナルな方々にはまったく及ばないでしょう。しかし、この自覚を得たことが、ある意味では僕の強みになっています。自分にわからない領域がどこにあるかがわかるから、人に耳を傾けることができるのです。

必要なのは、自分ができることではなく、できる人への敬意を持つこと。

そのためにこそ、サイエンスに強い人はアートの、アートに強い人はサイエンスの領域に触れる機会を意識的に持つとよいと思います。

考え抜くから徹底できる。経営はギャンブルではない

「やるべきことが決まったら執念をもってとことんまで押しつめよ。問題は能力の限界ではなく執念の欠如である」

数々の企業を再建し、行政改革でも活躍した土光敏夫さんの言葉です。リクルート時代の上司で、以後もずっとお世話になっている波戸内啓介さんから教えられて以来、経営者としての僕を日々支えてくれたのはこの言葉でした。この言葉に象徴される僕自身の経営観について、本章の最後にお話ししておきたいと思います。

僕がやってきたことは一見当たり前のことばかりですが、やるべきことを考え抜いて、執念をもって実行したことで、成功がもたらされました。

考え抜くことと徹底すること。「それだけか！」と拍子抜けされそうですが、業績不振

の会社の経営者はどちらもやっていないに違いありません。

徹底することは、単純かもしれませんが簡単ではありません。人間は弱いもので、多くの人がその大変さから逃げようとします。売るための創意工夫の大変さを避け、安易な値下げで売りさばく。地道に信頼を積み重ねることを避け、ラベルを付けただけでブランドと称する。人を育て上げる苦労を避け、薄給で酷使し、人を使い捨てにする。地道な経営改善努力を怠り、奇策で一発勝負の賭けに出る。

楽な方、簡単な方に流されず、考え抜いたことへの執念を持てるかどうか。

結局、それが経営者の良し悪しを決めるのではないでしょうか。

なお、「考え抜くこと」と「徹底すること」は相互に補強し合う関係にあります。

多くのビジネスで言えると思いますが、なんらかの施策の効果が出るまでには相応の時間がかかります。新たな広告を始めたもののしばらく効果が見られず、1ヶ月後から客数が増え始める、といったことがあるのです。これを数日で「効果なし」と判断してやめたら予算を浪費しただけになります。ここに「考え抜くこと」ができているかどうかが関わってきます。

よく考えずに行った施策では、自信が持てないため、早期に効果が出ないとあきらめがちです。逆に、考え抜いた戦略であれば、当初は効果が出なくても、信じて続けることができます。そして、執念をもって取り組むことで、実際に効果が出るようになることは少なくありません。

日本法人を立ち上げる前、ディッキーズはメンズパンツの卸売を主力とするブランドでした。小売店はメンズパンツには関心を示すものの、他の商品には関心がない様子。しかし国内市場でメンズパンツ市場が早晩頭打ちになることは明らかです。各種の調査や分析、議論を経て、僕は商品カテゴリーの拡大とＳＰＡ化が必要だと確信し、この確信をもとに戦略を組み立てました。

もっとも、実行の過程では、迷うような出来事が多々あるものです。一部の小売店から「パンツ以外はやめておいたほうがいい」と、ありがた迷惑なアドバイスをもらったことがあります。自社の営業マンでさえ、「パンツ以外は売りたくない」「売り方が分からない」と言うことがありました。中国ではＳＰＡをやっていたのに、日本では「ノウハウがない」「実績がない」など社内外で批判されました。

それでも商品カテゴリーの拡大と自社店舗の拡大をあきらめずに推進できたのは、自社の戦略に確信を持っていたからです。

続けていると、少しずつ成果が見え始めました。パンツ以外にメンズトップスなどが売れるようになったのです。自社店舗もうまくいく例が出てきました。小さな成功が重なると、社内外の雰囲気も変わります。そして、戦略の正しさが実証されるにつれて、やり切る執念も強まっていきました。

他のカテゴリーの売上伸長により、100%近かったメンズパンツの構成比は40%程度まで下がりました。自社店舗も順調に伸びました。同業他社や市場全体が苦境にあえぐ中、ディッキーズ・ジャパンは平均20%以上の売上成長を遂げ、2017年には成長率は過去最高の前年比47%を記録。日本法人の設立前と比べると、ディッキーズの日本市場における小売規模は約6・5倍になったのです。

現在僕はアパレル企業の事業改善のお手伝いをしていますが、僕がクライアントの方々に戦略や戦術を「提案する」だけで済ませることはありません。それを実務にどう落とし込むか、クライアント自身で十分に納得できるまで考えてもらうことを大切にしています。幹部社員の合宿をするなどしてまとまった時間を確保し、一人ひとりにじっくりと考えてもらいます。

ある大手企業との仕事で、経営陣の会議に先立って調査・分析を依頼されたとき、

５００ページもの報告書を作ったことがあります。ページ数が多ければよいというものではありませんが、これだけ考えるべきテーマだということを物量で示し、経営陣に本気で徹底的に考えることを促したのです。

極端なことをいえば、確信があるなら、戦略は紙1枚でもいいのです。しかし多くの場合、ビジネスの現実は複雑で、迷いも変化も生じやすいもの。だから「腹落ち」するまで考え抜くことが必要です。

僕の愚直なやり方を敬遠する人もいるようです。ＡＩだのＩｏＴだの新たなビジネストレンドが次々に生まれる中、経営に斬新な「奇策」を求める人がいかに多いかを僕は痛感してきました。言い換えれば、地に足をつけて歩むことから逃げたい人がそれだけ多いということです。

斬新なアイデアによって急速に事業を拡大し、存在感を示す起業家もいますが、ある程度までは成長しても、その先に進めない例は少なくありません。

奇策によって「一発当てる」のはギャンブルです。経営者はもっとも成功確率の高いやり方を考え、着実に実行するものだと僕は思っています。

そういう意味で、起業家や経営者の「大胆さ」を手放しに褒めることには違和感を持っています。

僕自身は大胆ではありません。慎重に考え、計算し、地道に実行するのが僕のやり方です。地味だと思われるでしょうが、ギャンブルよりもそのほうが強いことを僕は知っていますし、社員の雇用を守る立場である経営者は、そうあるべきだと思うのです。

第4章

ほんとうに人を尊重する経営とは

人への投資がいちばん大事。政府が賃上げ要請する国はおかしい

前章では実体験のエピソードを交えながら僕の経営手法や考え方について説明してきましたが、どんなビジネスも動かすのは人。人をどう見て、どう働きかけ、どう活かすかがすべての鍵を握ります。この章では「人」に焦点を当てて、より詳しく経営のあり方を考えてみたいと思います。

会社組織が直面するさまざまな課題の中でも、人への投資こそがもっとも大切だと言っても過言ではないでしょう。

これまで企業経営者としてさまざまな人を見てきて実感しているのは、どんな人でも成長できるという事実です。中高年になってから大きく成長する人もいますし、学歴が低くても高学歴の秀才以上にビジネスの実力を身につける人はたくさんいます。

そして、そのために必要なのが、経営がしっかりと人に投資することです。

よく「利益を社員に還元する」などと言いますが、本質的には、「儲かったから社員に還元する」のではなく、「社員に投資するから儲かる」のです。ゼロから利益は生まれず、最初に投資をすることが必要です。

だから、社員にできるだけ良い給料を払って、気持ちよく働いて高い成果を上げてもらい、大きな利益を実現するというのが、経営の本道と言えます。

残念ながらアパレル業界では、若い人材を安く雇用し、劣悪な労働条件・労働慣行のもとで酷使する例が少なくありません。

特に店頭に立つ販売スタッフは給与が低く、会社によっては自社商品を自費で買わなければならない慣行があるなどして、手取り月収が10万円少々という例もあるようです。基本的に立ち仕事なので身体的な負荷も高く、労働時間も不規則かつ長時間になりがちなようです。

人を、投資に値するものではなく、コストとして見ている。そんな印象を受けます。

アパレルに限らず、他の業界にもそのような傾向はあるのかもしれません。

2013年に安倍晋三政権が経済界に対して賃上げを要請し、以後もたびたび政府が賃上げ要請をするという現象が見られています。政府が労働組合のようなことをするのは、本来おかしなことです。言い換えれば、政府が要請しなければならないほど、昨今の日本企業は人への投資をケチっているわけです。しかも、愚かな反経済的政策を進めた民主党政権が終わって自民党政権に戻って以来、日本企業の多くが業績を伸ばし、過去最高益を上げる例も多々あるにもかかわらずこうなのです。

これは日本の企業経営者のモラルの低さ、志の低さの表れだと僕は思います。まともな経営者は、業績が上がれば喜んで社員の給料を上げるものです。業績が悪ければ経営の責任と受け止め、それでもできるだけ社員の給料は上げようと努めるものではないでしょうか。

会社は儲かっているのに給料はできるだけケチるなどという経営者は、会社を成長させる自信がないか、社員を尊重していないか、あるいはその両方でしょう。

ディッキーズでは、できるだけ高い給料を払って高い成果を上げてもらい、皆が満足して働けるようにすることを目指していました。業界未経験で入社した新卒の店舗スタッフでも初任給は月20万円以上でスタート。成果を出す限りは昇給を続け、全社員平均4～5％の昇給を継続。本人の意欲と実力に応じて大幅な昇給を可能にする仕組みやインセンティブも用意していました。中には入社5年でマネジャーとなり、若くして年収1000万円を超えた人もいます。

社員に高い給与を払うのは、それだけ社員に投資するということです。詳しくは後述しますが、ディッキーズでは評価の仕組みを綿密に整え、推奨される行動（コンピテンシー）を具体的に示し、こまめにフィードバックを行うことで、個々人の成長を強力に支援していました。

日中双方のスタッフに互いの店舗を見学させるといった取り組みにもお金をかけました。僕は数字にうるさいので、数字に弱い社員に自らエクセルの使い方や財務諸表の見方を教え、できるようになるまで徹底的に指導したこともあります。

社員の可能性を信じ、その成長のために投資する。その結果、ディッキーズで働くことで、大きく成長した人がたくさんいます。現場の卸の営業担当でも自社の業績指標や各種のデータに詳しくなり、取引先の商社マンから「うちの社員よりも財務に強いのでは」とびっくりされる人もいたほどです。

もちろん、報酬に応じた成果をしっかり求められるため、いづらくなるのか、辞めていく社員もいました。本来好ましいことではありませんが、多少そういう人が出るのは仕方がないとも考えています。人には向き・不向きがありますし、その人が活躍できる場所に行くほうが、本人にとってもよいことだからです。

冷たいと思われるでしょうか。僕は反対に、成果の出ない人（その環境では成果を上げられない人）を漫然と雇い続けて腐らせてしまうほうが、ずっと冷たい行為だと感じます。それは経営の失敗に他なりません。

ただ漫然と雇い続けるのではなく、活躍できるようにすること。それが経営の責任であり、それができないのなら他を探すよう促し、場合によっては転職を支援するのが、ほんとうの意味で人を尊重する経営と言えるのではないでしょうか。

人員削減は最悪の選択肢。人を活かさず捨てる大手企業の罪

経営のモラルについて語るなら、人員削減に触れないわけにはいきません。

企業の業況が変化する以上、時として人員削減が必要になることは起こり得ます。

しかし、コスト削減のための人員削減は、あくまでも最終手段、最悪の選択肢であり、経営の失敗を物語るものにほかなりません。

実施する場合は非常時の1回限りにとどめ、削減によって体制を整え、以後はそのまま経営していけるようにするのが経営の責任です。場当たり的に何度もリストラを繰り返すのは愚の骨頂。2018年、アパレル大手の三陽商会は3度目の大規模なリストラを発表しましたが、ダメな経営の見本と言えるでしょう。

アパレルに限らず、日本企業の人員削減は相次いでいます。2018年の主な例だけでも、NECが3000人、富士ゼロックスが1万人、ソフトバンクが通信事業の4割の人

員の削減を発表。他にもここ1年ほどの間に、三越伊勢丹、ニコン、大正製薬、博報堂DYホールディングスなど多くの大手企業がリストラを発表しています。またAIなどによる業務自動化の影響もあり、メガバンクが大規模な人員削減を計画していることも話題になりました。

特にバブル世代の中高年層は人数が多く、年功制の名残で非管理職でも給料が高く、ITに弱いなどビジネススキル面で時代についていけない人、昇進が頭打ちで仕事への意欲が低い人も多いようです。リストラの対象になっても仕方がありませんが、見方を変えれば、それは経営が人を活かさず放置してきた結果です。

本来、価値のある人材であれば削減する必要はないはずです。減らすということは、これまで雇ってきたものの、価値ある人材として育てておらず、活かしておらず、これから活用できる見込みもない、ということでしょう。人を大切にしてこなかったツケが回ってきているのです。

かつてトヨタ会長で経団連会長も務めた奥田碩氏は「社員の首を切るなら経営者は切腹せよ」と述べました。「松下電器は人をつくるところです。あわせて電気器具もつくっております」という言葉で有名な松下幸之助氏は、人材育成に力を入れ、世界恐慌で深刻な

人員削減に関する名経営者の発言・行動

- **奥田碩（トヨタ元会長）**：「経営者よ、クビ切りするなら切腹せよ」と主張（『文芸春秋』1999年10月号）

- **松下幸之助（パナソニック創業者）**：世界恐慌時、人員削減せず乗り切る。「生産は半分、工場は勤務も半日。給与は全額払う。そのかわり休日返上で在庫を売るんや」

- **永守重信（日本電産創業者）**：「雇用は守る。リーマン・ショック時も誰も切らずに平均5%の賃金カットをし、その後利子を付けて返した」「（ハードワークより）リストラする方がよほどブラックではないか」（『日本経済新聞』2015年1月27日）

- **岩田聡（任天堂元社長）**：2期連続の営業赤字を出した2013年6月の株主総会、リストラを迫る株主に「社員が不安におびえながら作ったソフトは人の心を動かさない」と返答。雇用を守り抜いた。

状況に直面したときも人を減らさず、仕事を半日、勤務を半日にして乗り切ったという逸話があります。

人を育てる。できる限り雇用を守る。日本の高度経済成長を支えた世代の経営者には、それが企業のあるべき姿だという「良識」が備わっていたのではないでしょうか。

しかし、その後のバブル経済を謳歌した世代、現在50代〜70代ぐらいの経営者たちには、その良識を欠き、人を粗末に扱ってきた経営者が多いのではないかと思えてなりません。

そのような経営者には早く退場していただきたいものです。そして、ほんとうの意味で人を大切にできる若い世代の経営者が続々と出てきてほしいと思っています。

どんな人、どんな行動を求めるのか。コンピテンシーの明示が重要

「ディッキーズでは、採用や人事評価はどのようにやっていたのですか」

業界内外の経営者やマネジャー層の方からよく聞かれます。人材の流動化が進み、働き方や仕事に対する価値観も変わってきた中、多くの人にとって採用や評価は悩ましい問題となっているようです。

ディッキーズでは、求める人材像、働く上で求められるコンピテンシー（行動特性）を明確に言語化し、それに基づいて採用・評価を行っていました。

コンピテンシーとは、高い業績を上げる人に共通して見られる行動特性のこと。成果を生み出しやすい行動を言葉で表現したもので、会社において「奨励される行動」を列挙したものと言えばわかりやすいでしょうか。会社のビジョンや戦略を実現するために、どんな人が必要で、どんな行動をとってほしいのかを、具体的な行動に即して多面的に考え、

言葉にするわけです。

もちろん、その前提には「こんな組織をつくりたい」という、目指す組織像があります。そして組織像は会社のビジョン、戦略に基づいています。つまり、

ビジョン　→　戦略　→　組織像　→　人材像（コンピテンシー）

という流れがしっかりとつながっていることが重要です。

たとえば、ディッキーズでは「お値段以上の感動への、あくなき創意工夫（バリューイノベーションカンパニー）」というビジョンのもと、先述したように商品企画の日中共通化、SPAの推進、機動的な出店、ECの強化といった戦略をとり、これを実現するために目指すべき組織像として以下の5点を掲げました。

①チャレンジ・イノベーション精神に富み、組織も個人も絶えず変化、成長し続ける変革者の集団
②ハイパフォーマンス（結果）を残すプロフェッショナルな小規模集団（少人数）
③WORK HARD & PLAY HARDで、みんなが仲のいい、楽しい、圧倒的チー

ムワークを実現する集団
④スピーディーで圧倒的な実行力を実現する集団
⑤アジアの核となる本部機能を提供できるグローバルなプロフェッショナル集団

そして、この組織像に即して「奨励される行動（コンピテンシー）」を細かく定義しました。

たとえば「①チャレンジ・イノベーション精神に富み、組織も個人も絶えず変化、成長し続ける変革者の集団」については、「他社が怖がっていることをやってみる（不必要な先例を壊す）」「絶えず改善、改革のポイントを見つける、提案する」など、「④スピーディーで圧倒的な実行力を実現する集団」に関しては、「現場重視（モノ重視、店頭重視）、現場から発想する」「気になったことは早めに発言する」など、具体的な行動を何十も挙げていました。

「気になったことは早めに発言する」など、表現が具体的かつ平易であることがポイントです。会社で働くすべての人に伝えるものなので、できるだけ単純明快で実感を持てる言葉を使うのです。

また、多岐にわたる項目を設定していたことも特徴ではないかと思います。

大手企業の採用ページなどでよく「求める人材像」が書かれていますが、このような例が少なくありません。

- コミュニケーション能力が高く、人と信頼関係を築ける人材
- チャレンジ精神に富み、主体的に行動できる人材
- 自分の頭で考え、本質を見極められる問題解決能力のある人材

概ね言いたいことはわかりますが、今一つ具体性を欠いています。そして多くの場合、こうした人材をなぜ求めるのかを、ビジョンや戦略、目指す組織像との関連で説明していません。どの企業にでも当てはまるような総花的な表現で語っていては、従業員に伝わりにくく、そもそもコンピテンシーとして有効に機能しづらくなります。

もう一つ、きわめて重要なのは、コンピテンシーを借り物の言葉で作ってはいけないということです。

経営者が自分の言葉で語れるものであってこそ、従業員に深く浸透する力を持ちます。

僕は現在のクライアント企業に対してコンピテンシーの設定を提案するときも、原案を示

目指す組織像とコンピテンシー

目指す組織像

❶ チャレンジ・イノベーション精神に富み、組織も個人も絶えず変化、成長し続ける変革者の集団

❷ ハイパフォーマンス（結果）を残すプロフェッショナルな小規模集団（少人数）

❸ WORK HARD & PLAY HARD で、みんなが仲のいい、楽しい、圧倒的チームワークを実現する集団

❹ スピーディーで圧倒的な実行力を実現する集団

❺ アジアの核となる本部機能を提供できるグローバルなプロフェッショナル集団

奨励される行動（コンピテンシー）

- 他社が怖がっていることをやってみる（不必要な先例を壊す）
- 絶えず改善、改革のポイントを見つける、提案する
- ……………………………………
- ……………………………………
- ……………………………………

組織像の個々の項目について
具体的行動を多数例示する

しはするものの、最後は必ず経営者自身に一言一句を考え、練り上げてもらいます。戦略や目指す組織像があれば必ず、人材像も自分の言葉で語れるはずです。コンサルタントに丸投げして得られた言葉では、語る際に力が入らず、十分に伝わらないのです。

ビジョン、戦略、組織像、人材像がしっかりとつながり、経営者自身の言葉によって語られていれば、採用も評価も考えやすくなり、従業員も納得感を持って働くことができます。

性別・学歴・年齢不問。コンピテンシーで選べば多様性が生まれる

ディッキーズでは、明確に定めたコンピテンシーに沿って採用を行い、どれだけ実践できているかを振り返るための面談も定期的に行っていました。「こんな行動をしてほしい」と求めるのだから、その実践状況を評価するのは当たり前です。それを怠るとただの標語になってしまいますから、コンピテンシーはその運用の仕組みとセットで定めなければなりません。

ところで、求める人材像を詳しく具体的に規定すると話すと、「社内の人材が画一的になるのでは？」と懸念する人もいるようです。

しかし実際は逆で、ディッキーズはとても多様性のある組織になっていました。

なぜなら、コンピテンシーをもっとも重視した結果、年齢、性別、学歴など他の要素は無視して採用していたからです。

採用面接で「私みたいな40過ぎの中年でも大丈夫ですか」などと聞く応募者がいましたが、僕は「関係ないですよ」と常に即答していました。求める人材像に「若い人」なんて一言も書いていないから当然です。先ほど挙げたコンピテンシーを備えているかどうかが問題であり、それ以外の属性はどうでもいいのです。

結果的に、特に意識したわけでなく、年齢も性別も学歴も国籍も多様な人たちが集まる職場になりました。中国法人ではマネジャーの半分以上が女性になりました。別に女性管理職を増やそうと努力した結果ではなく、単にコンピテンシーに沿って人事評価をしていたらそうなっただけです。

そしてもちろん、年齢や性別などの属性が多様であること自体に特段の価値はありません。大切なのは会社の求める人材が集まっていることであり、ダイバーシティがあることは本来自慢する話ではない、当たり前のことでしょう。

多くの日本企業は、女性よりも男性を、低学歴よりも高学歴の人を優遇して採用や管理職登用を行っていると思います。もちろんそんな方針を掲げてはいませんが、実状を見れば明らかです。

そして「ダイバーシティが重要」と言われると、わざわざ女性枠などを設けて対応したりする。属性で選ぶから画一的になっているものを、是正するためにまた属性に頼る。なぜそんな無意味なことをするのか理解に苦しみますし、個々の社員に対して失礼ではないでしょうか。人材としての質を見ようとせず、「女性だから」「若いから」といった属性で待遇を考えているわけです。

求める人材像、コンピテンシーを明確にして、それに即して採用・評価をすればいいだけです。組織に目的があり方針や価値観がある以上、どんな組織でも、コンピテンシーは定義できるはず。していないとすれば、経営陣が怠けているか、人材についてまじめに考えていないと批判されても仕方ないのではないでしょうか。

多様性についてもう一つのポイントは、コンピテンシーは個々の職種に応じて解釈に幅を持たせられるということです。

たとえば、「気になったことは早めに発言する」というコンピテンシーを実際の業務でどう発揮するかは、職種によって異なります。経理部門の人なら、わずかな数字の誤差や変化を見つけたらすぐにマネジャーに伝えることかもしれませんし、商品開発の人なら、デザインになんとなく違和感を覚えたら、うまく言語化できなくてもモヤモヤした感覚を共有することかもしれません。

個々の業務の状況に即して運用するため、共通のコンピテンシーによって人を採用・評価したからといって、人材が画一的になるとか、息苦しくなるといったことは生じません。「うちの会社は人材に多様性がないのが問題だ」と思っている経営者やマネジャー層の方々には、まず求める人材像を明確にすることをお勧めしたいと思います。

人事は経営の根幹。成果と貢献にフェアに報いる

コンピテンシーを明確にすることの大切さについて話しましたが、明確にするだけでは機能せず、評価の仕組みが必要です。

言うまでもなく、人事は経営の根幹です。人事評価をうまく機能させるためには、ビジョンや戦略、コンピテンシー等と整合するように、部門ベース、個人ベースの予算やKPIを設定し、定期的に評価する仕組みをつくることが不可欠です。これがなければ、ビジョンも、戦略も、コンピテンシーも、ただのスローガンになってしまいます。

ある調査によれば、日本企業のビジネスパーソンの8割は、自社のビジョンを知らないそうです。読者の方はご存じでしょうか。

自分の勤める会社が何のために存在し、何を目指しているのかを知らないというのは、改めて考えるとかなり奇妙です。なぜ知らないのでしょうか。

おそらくそれは、ビジョンが自分の仕事に関連づけられていないから、つまり自分と無関係だと感じているからでしょう。自分の仕事、自分のＫＰＩ、自分の評価にビジョンが反映されていない、あるいは、どうつながっているのかわからないのだと思います。

ディッキーズでは先に挙げたように具体的なコンピテンシーを設定し、予算も店舗ごとに明示、その進捗状況や実践度合いについて、週次ミーティングや四半期ごとのフィードバックミーティングなど、定期的に確認・振り返りを行う仕組みをつくっていました。

そして、どんなに忙しくても人事関連のスケジュールは最優先。定期的な振り返りや評価はきわめて重要なのだという意識を会社全体に浸透させていました。会社は人で動きます。人事システムの出来不出来が業績を大きく左右するのだから、それを最優先事項にするのは当たり前です。

コンサルティングの仕事でも、僕はしばしば人事上の変更についてクライアント企業に提言します。ビジョンや戦略を変えても、人事がそれに連動しなければ意味がないからです。人事が連動していなければ、社員側にも経営陣の「本気」は伝わりません。どんな改革も、うまくいかない、実現されないと思われると骨抜きになりますから、この点は本当に要注意です。

ディッキーズで導入した給与体系

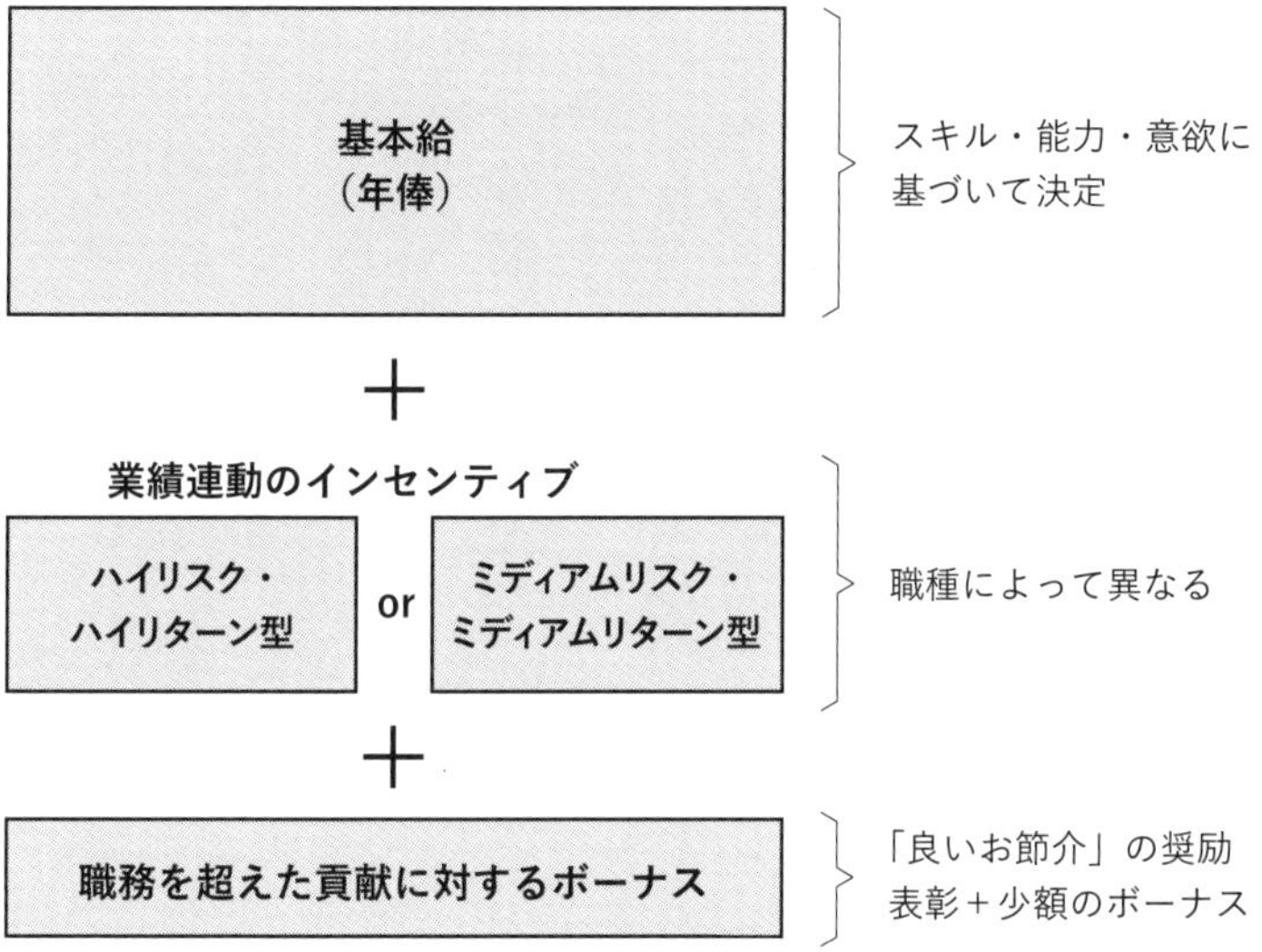

給与については前にも少し触れましたが、成果にフェアに報いることが大切です。報酬が「フェア（公正）」であるという意識を会社の皆が持つためにも、会社でどんな行動が奨励され高く評価されるのか、つまりコンピテンシーを明確化しておくのが重要であることは言うまでもありません。

業績連動のインセンティブについては、職種によって適不適があります。営業職のように自分の仕事が業績に直結する職種の人と、そうでないバックオフィスの人とでは、報酬の仕組みは異なって当然です。

ディッキーズでは、年俸制で基本給を支払ったうえで、インセンティブについてはハイリスク・ハイリターン型、ミディアムリスク・ミディアムリターン型の2種類を設けていました。

それとは別に設けていたのが、職務を超えた貢献をした人を皆の前で表彰し、少額のボーナスを支給する制度です。本来その人がやらなくてもいい、でも組織のためになる貢献、いわば「良いおせっかい」を奨励する仕組みと言えます。この制度によって、普段は目立たない仕事をしている人や、自分のＫＰＩだけにとらわれず同僚のために動ける人に光を当てることができました。

このような人事の施策には、かつて勤務したリクルートでの学びが役に立ちました。リクルートは、競争や表彰などの演出によって社員を鼓舞したり盛り上げたりするのが上手な会社です。

働く人の気持ちに配慮した仕組みをつくるという意味で、人事においても、アートとサイエンスのバランスが大切と言えるでしょう。

遊びも大事、楽しさも大事。ただし、それを業績につなげること

ディッキーズでは同業他社よりも給与水準が高く、業績連動性の高いインセンティブを取り入れていたため、「社員間の競争が激しく、殺伐とした雰囲気なのでは」と思う人もいるようで、それは採用面接に来る人がよく気にするポイントでした。

職場の雰囲気をどのように感じるかは人それぞれですから、一概には言えませんが、僕の見ている限りは殺伐とした感じはなく、意欲的に働く前向きな人が多い職場になっていたと思います。

コンピテンシーにも「他人への絶え間ない興味を持つ。悩んでいる人がいれば励ます。お互いに興味を持つ」といった項目を置いていましたし、チームワークがよくなければ高い業績を維持することはできなかったでしょう。

昨今、社員の「働きがい」を高めることを念頭に、職場環境や企業文化をこれまでより

もフランクで楽しいものにする取り組みが、新興企業などを中心に広がっています。古い大企業にありがちな長々とした肩書を廃止したり、職場にちょっとした遊びができるスペースを設けたり、誕生日のお祝いをしたり。社員が意欲的に働けるように創意工夫する会社が増えているのだとしたら、それはとてもよいことです。

ただし、会社は社員にとって居心地がよく楽しい場所であるべきだと言っても、単に職場を遊び場にすればいいという話ではありません。

それはあくまでも業績や生産性を高めるうえで有効だという前提があっての話。組織の戦略やビジョンの実現につながるからこそ導入されるべきことであり、逆にそれにつながらないなら導入する必要はないのです。

勘違いしてはいけないのは、福利厚生的なプログラムを充実させたからといって、業績がよくなるとは限らないことです。みんなが仲良く楽しく過ごせていても、業績が悪いのでは本末転倒。楽しく働けるから成果が上がり、業績が良いから働くのが楽しい、といった好循環でなければ意味がありません。

大切なのは、レゴで遊んだり職場に犬を連れてきたりすること自体ではなく、高い生産性を実現することなのです。

ディッキーズでは「WORK HARD & PLAY HARD」を掲げ、チームワークや社内のコミュニケーションをよくするためにも、社員皆の交流や遊びの時間をしっかりとっていました。飲み会などの機会も多く、年1回は社員旅行。2016年からは中国のスタッフも合わせて100人規模で実施する一大イベントとなりました。

大阪のホテルで開催した社員旅行でのこと。大勢でやってきた中国の本部スタッフや直営店の店長らの中には初めて日本に来る人も多く、非常に喜んでくれました。日本のスタッフと中国のスタッフが一緒に景色や食事を楽しみ、笑顔で語り合う。スタッフの半分以上は女性でしたが、片言英語で女性同士ファッションの話で盛り上がるなど、言葉があまり通じなくても仲良くなるから不思議です。

「日本人と中国人がこんなに仲良くできている会社は他にないのでは?」と宴会の席で誰かが言いました。どうかはわかりませんが、100人ほどの日中のスタッフがともに楽しそうに過ごしているのは、感慨深い光景でした。

社員旅行以外にも、スタッフが日中を行き来する機会はできるだけ設けていました。特に現地での業務がなくても、異なる環境を見学することには価値があるからです。社員の視野が広がるだけでなく、会社への愛着や誇り、目的意識も高まる効果があったのではないかと思います。

注意すべきは、これらは単に「楽しいから」やっていたわけではないことです。社員旅行も、中国出張も、スタッフにとって楽しい経験であると同時に、大きな学びの機会であり、チームワークを促進する効果や、個々人の仕事に対する意欲を高める効果もあるものとして実施していたのです。

組織には遊びも楽しさも大切ですが、ただの遊びなら会社として推進する理由はありません。遊びとはいえ、業績とのつながりを経営者は忘れてはいけないのです。

現場スタッフも外注先も、関わる人すべてをリスペクトすること

「人を大切にする経営」と言うとき、そこに含まれるのは社員だけではありません。仕事は社内だけで完結するものではなく、提携するビジネスパートナーや小売店、仕入元、工場、その他の取引先などさまざまな人が関わります。ビジネスを構成するそれらの主体も仲間ととらえ、敬意を持って接することが大切です。

たとえばディッキーズでは、商品のデザインを担当してもらうイーヴィアイ社のことを「外注先」とは見なさず、ディッキーズの仲間ととらえ、「デザインチーム」と呼んでいました。社員旅行にもイーヴィアイのメンバーは参加していましたし、システム関連の業務を委託していた会社の人たちも同様です。

「外注先」「外部」「下請け」といった意識を持つのと、同じビジネスに携わる仲間としての意識を持つのとでは、接し方が違ってきます。

世の中には、生産を委託している工場を「下請け業者」として低く見て、「おれたちが仕事を出してやっている」といった意識で接するような会社もあります。

大手企業による「下請けいじめ」の問題もあり、一方的に安い契約を強いる「買いたたき」や不当な労務を強要するといった下請法違反の指導件数は年々増加しています。ここにも最近の企業経営者のモラルの低さが表れていると言えるでしょう。

そんなやり方で利益を上げても、誇れるものではありませんし、持続可能でもないはずです。

関わるすべての人が便益を得られるように個々の要素をつなぎ合わせ、事業を成り立たせることこそ経営の本筋です。

「売り手よし、買い手よし、世間よし」の「三方よし」という言葉がありますが、関わるすべての人に敬意を持ち、すべての人のためになるようにビジネスを設計するのが、経営の当たり前のあり方なのです。

2013年、日本法人と中国法人の両方の経営を兼務するようになったとき、中国のフランチャイズ（FC）店のオーナーたちを、東京での展示会に招待したことがあります。

背景には、経営を引き継ぐにあたって中国を訪問した際、オーナーたちからさまざまな不満を言われたことがありました。

その頃のディッキーズ・チャイナは前任の社長の進めた多角化路線が失敗し、大赤字に陥っていました。オーナーたちは経営への不信感を募らせており、訪店した僕に怒った表情で詰め寄る人も。

「商品に魅力がない」

「こんな商品は中国には合わないんだ」

「ディッキーズはダサいと思われているのではないか」

「ほとんど儲けが出ないから生活が心配だ」

「もうフランチャイズを辞めたい」

などなど。とにかく後ろ向きの発言の多いオーナーたちに、「これから変えていくんだ」という意識を持ってもらうため、東京に招待しました。オーナーと店長ら合計100人ほど。もちろん費用はすべてこちらの負担です。

その時点では中国よりも日本市場のほうがディッキーズのブランドコントロールがうまくできていたため、東京の展示会に招き、店舗も見てもらって、ディッキーズというブランドの可能性を店長たちに理解してもらおうと思ったのです。

一日しっかりと日本におけるディッキーズの状況を見てもらい、ブランドの可能性を語って聞かせた上で、一緒にお酒も飲みました。中国のビジネス界では、酒を飲んで関係を築くことがとても重要だからです。来てくれたオーナーたち一人ひとりに語りかけ、こちらの「本気」を示したのです。そして真剣に訴えました。

「皆さんおわかりのように課題は山積みですが、このディッキーズというブランドにはすばらしい可能性があると信じています。一つずつ課題を解決していきますから、どうかもう少し一緒にやってほしい」

彼らは喜んでくれました。僕よりずっと年上の一人のオーナーが頷きます。

「お前はまだ若いが、これだけやるお前だったら信頼できる。私ももうちょっと頑張ってみるから、しっかり経営を立て直してくれ」

ここで築いたオーナーたちとの信頼関係が、その後のV字回復の出発点になったのです。

不満だらけのFC店オーナーたちを「問題」ととらえていたら、ディッキーズ・チャイナの再生はなかったでしょう。大切なビジネスパートナーとして尊重し、心を尽くして接したからこそ、改革を進めることができたのです。

個人の幸せを決めつけない。人生を会社に委ねてはならない

「人を尊重する経営」を語ると、近年深刻なメンタルヘルスの問題を気にする人も多いかと思います。精神を病んで仕事を休む人がとても多くなっています。

ディッキーズでは、個々の成果を厳しく問う文化がありましたし、業績連動のインセンティブが大きいことによるストレスもあり、性格的に合わない人にとっては辛い環境になりえたと思います。ただし、合わない人は基本的には採用されませんし、合わないとわかれば自ら離職していくものです。

最近は、企業経営において「社員の幸せ」を重視するトレンドが広がっています。行政においても、住民の「幸福度」を測るとか、指標をつくるといった試みがあります。しかし、会社とは経済活動のためにあるもので、個人の内面的な「幸せ」にまで介入するのは筋違いだと僕は思います。もちろん社員は幸せであってほしいですが、会社が社員を幸せ

にできるとか、会社によって個人の幸不幸が決まる、という見方には違和感があります。会社は社員の親ではなく、支配者でもありません。

そもそも「幸せ」とは人によって異なるものです。田舎で暮らすのが幸せな人もいれば、都会の便利で刺激的な生活を好む人もいます。会社が社員の幸せを促進しようと施策を打っても、そう簡単にうまくいくとは思えません。「残業を禁止して早く帰れるようにしたから、社員は幸せになったはずだ」などと決めつけるのは傲慢ですし、個々人を尊重するのとは本質的に真逆のものになることもありそうです。

たとえば、ディッキーズでは、育児や介護などの事情からフルタイムで働き続けるのが難しくなった人に、時短勤務やリモートワークなど働き方の柔軟性を認めるといったサポートをしていました。意欲と能力のある人が事業に貢献し続ける上でそれが合理的であるなら、やればいい。僕はシンプルにそう考えるので、かなりの柔軟性を許容していたと思います。

しかし、そのような働き方を選ぶことが、他の選択肢と比べて、本人にとって幸せにつながるのかは、僕にはわかりません。たとえば、退職して別の仕事をするとか、しばらく育児に専念するとかしたほうが、幸せにつながるのかもしれません。本人がそう思うならそっちを選べばいいし、選ぶでしょう。

これは個人の選択の問題であり、会社には何が正解かはわからない。わからないから、個人の幸せに対して会社が責任を持つこともできません。「仕事は辞めず、リモートワークで働き続けるほうが幸せだよね」などと決めつけることはできません。年収が半減しても老いた親と一緒に過ごすことを希望する人もいます。できるのは、社員の希望を踏まえて、会社としてできるだけの配慮と公正な処遇をすることです。


たとえば、入社したら寮や社宅に住むことを求め、会社でローンを提供して住宅購入を支援し、終身雇用で定年まで面倒を見る、という昔の日本企業のあり方は「社員の幸せを尊重する経営」なのでしょうか。プライベートも会社の人間関係に縛られ、借金で会社に縛られている状態は、僕にはあまり幸せとは思えませんが。

社員にとって何が幸せかを決めつけるような経営ではなく、社員にそれぞれの幸せを追求する自由や力を与えられる経営こそ、人を尊重する経営だと僕は思います。

そして、経済的な意味での価値提供、つまりお金で報いることが、個々の人生選択の幅を広げ、自由度を高める確かな道だと言えます。経営者として追求するべきことは、何よりもまず経済的な面での価値提供なのです。

いくらきれいごとを言っても、会社は本質的に、経済的目的のための装置です。個人の人生を丸抱えして、内面の幸福感まで面倒を見ることなどできません。会社にも経営者にも、個々人の幸せが何なのかを勝手に決める権利などないのです。だいたい、社員を内面的に幸せにできると考えるのは、傲慢ではないでしょうか。

そして個人の側も、自分の人生や幸せを会社に委ねてはいけないと思います。会社は人生のすべてではないのですから。会社に適応できずに辞めたとしても人生が終わるわけではないし、会社で出世できなくても不幸と決まるわけではありません。会社が自分を幸せにしてくれると考えるのは「社畜」のマインドセットです。人は自らの力で幸せになるものです。

ほんとうに人を尊重する経営とは、経済的価値によって個人に十分に報いることで、個人が自分の人生をコントロールし、それぞれの幸せを追求することを後押しするものだと僕は考えています。

第5章 なりたいものになる勇気を持て

旧来の組織観を疑え。
いま見えるものだけが世界のすべてではない

2018年1月にディッキーズを辞め、独立した僕がつくった会社グローバル・コマース・イノベーション・リミテッドは、アパレルビジネスに特化した、各業務分野のスペシャリストを集めたネットワーク型の組織です。

アパレル企業の経営改善を支援し、日本をアパレル産業で世界ナンバーワンの国にしたい。そんな思いと目的を持つプロフェッショナルが集まり、互いを尊重し合って働き、それぞれの専門性を活かして成果を出し、正当な対価を受け取って、個々の人生を生きる。誰も依存していないし、縛られていない。そのような関係性の上に成り立っている組織です。

僕は、こうした組織のあり方が、これから増えていくと思っています。

今や大手企業でも副業を解禁するところが現れるなど、人の働き方はどんどん多様化し、個人の自由度がますます高まっているからです。

個人が主体となり、必要に応じてプロジェクトベースでチームや組織をつくって働くというスタイルが、ごく普通になっていくでしょう。

組織の境界線は、どんどん曖昧な、可変的なものになっていくでしょう。

会社が個人を囲い込み、がんじがらめにするやり方はもはや時代遅れですが、そうした組織観で動いている会社はまだまだ多いようです。まるで殿様と家臣のような関係性を、いまだに引きずっているのです。

上下関係にやたらとうるさく、上にはペコペコ、下には高圧的。殿様の命令には異論は唱えず、絶対服従。形骸化した規則や作法に縛られている。……そんな幕藩体制のようなメンタリティーが企業文化になっている会社がいまだに多いと感じます。

しかし現代では、殿様への忠勤を励めば安泰というわけではありません。ろくに人を育てず抱えてきただけの大手企業が相次いで人員削減をしている状況です。無能な殿様も、それにしがみついている家臣も、現実が見えていないようです。

ほんとうに人を尊重する経営とは、個々人の選択を尊重する経営であり、社員が一人の個人として自立すること、自分の人生をコントロールすることを可能にする経営だと僕は考えています。

それが成り立つためには、個人にも求められるものがあります。

個人主義が根付いているアメリカで高校卒業まで育った影響もあってか、僕は時々、日本の多くの人は、組織を大切にするのに比べて、自分自身をないがしろにしがちなように思えます。

たとえば、自分の人生なのに、突然の異動で住む場所を変えられ、家族と離れ離れになるようなことを、多くの日本人が今でも平気で受け入れます。

好きでやっているなら構いませんが、愚痴を言いながら会社に従っている人が多いのではないでしょうか。

その延長線上にあるのが、会社で理不尽な目に遭ったり、苦しい境遇に置かれたりしても、ひたすら耐え忍んだり、逆に自らを責めたりするマインドセットです。

無意味な長時間労働を受け入れ、楽しめない仕事をだらだら続けている人が大勢いるようです。そして精神を病んだり、ひどい場合は自殺してしまったりする例が、驚くほど多いのが日本の企業社会の現実です。


自分の人生に責任を持て。

自分の可能性に自信を持て。

そう僕は言いたいのです。

自分の人生は自分でコントロールするものです。

会社におんぶにだっこで生きるなんて、幕藩体制を引きずる旧世代の、だらしない生き方ではないでしょうか。

自分が何者なのか、何者になりたいのかを考え、こだわり、自分らしい生き方をすることが大切です。誰も代わりに生きてくれるわけではないのだから。


組織の中で行き詰まり、居場所がないとか、自分が活かせないと感じて悩む人はいるものです。僕自身にも、かつて辛い時期がありました。営業をしてもまったく受注できず、プライドをぼろぼろに崩されたこともありました。

でも、「この組織に従うしかない」とか、「この組織にいさえすれば大丈夫」などという浅はかな考えを持ったことはありません。

ほんとうにダメだとか、嫌だと思ったら、辞めればいい。そうでないなら、あきらめずに努力すること。

大切なのは、自分の可能性を信じることです。いま見えているものだけが世界のすべてではありません。自分次第で世界はどんどん広がっていくのです。

すべては時間の使い方次第。時間軸を合わせ、余裕を生み出す

これまでお話ししてきたように、僕は28歳で中国大手企業の役員、29歳でディッキーズの副社長、32歳で社長になって、2つの国で10年間企業経営に携わり、40歳になる前から大手企業の経営支援をするようになりました。

なぜそんなスピードで成長できたのか、どうしてそんなキャリアを築けたのかと驚かれます。ディッキーズでの経営の実績についても、短期間で業績を回復させたり、展開を拡大したり、売上を大きく伸ばしたりしたスピードに注目されることがよくありました。

端的に言えば、すべては時間の使い方に帰結します。

僕がやってきたのは当たり前のことばかりです。ただ他の人と違うのは、時間を無駄にせず徹底してやってきたことでしょう。それが早くチャンスを手にすることにつながったのだと思います。

経営者時代は、来年のいつ頃に何をするか、予定がだいたい見えていました。全社カレンダーを作って全社の各部門の動きがきっちり先々まで見えるようにしていたからです。

僕から見ると、多くの人は時間管理がいい加減です。

期限のぎりぎりになって着手して、残業してなんとか間に合わせるとか、少しだけ遅れて完了する、といった人が結構いるものです。

手が空いている時間はあるのに、細切れの時間をうまく使えず、ただのアイドルタイムにしてしまうなど、身に覚えのある人も多いのではないでしょうか。

「自分は時間を効率的に使っている」と自信を持って言える人は、あまりいない気がします。日本企業でこれだけ長時間労働がはびこっているのがその証拠です。

当たり前のことですが、あらゆる人にとって時間は平等で、1日に24時間しかありません。お金がどんなにあってもこれは変えられない。変えられるのは使い方だけです。パフォーマンスを上げるには、時間の使い方を変えて、時間あたりの価値を高めるしかありません。

経営においては、組織のあらゆる要素が有機的につながり協調して動いていくことが大切です。そのため各部門、各機能の「時間軸」をきちんと合わせることがきわめて重要となります。

時間軸が合っておらず、部門間の足並みがそろわなければ、事業展開が遅くなる、顧客への対応が遅れる、その結果として業績も伸びない、といったことにつながります。

だからこそ、全社スケジュールを策定し、自分や自部門の予定が他のメンバーや部署の予定とどのように関連しているか、組織内の各部門の有機的なつながりをマネジャーやリーダーたちが把握できるようにすることが大切です。この共通理解が、予定に沿って全体が動くことを可能にします。

もちろん、経営の現場では不測の事態などにより予定変更も多々ありますが、僕はよほどのことがなければ重要なことは絶対に動かさないと決めていました。

たとえば、人事評価は確実に決めたタイミングでやります。なあなあで済ませたり、ずるずると先送りしたりすることは認めません。期末になったらKPIとコンピテンシーを即レビューします。ディッキーズでは年度末は12月でしたが、1月半ばにはすべてレビューを終え、ボーナスや昇給、昇格案なども固めていました。

人事評価、予算、週次のマネジメントレビューは定例化して動かしません。経営の根幹である人事評価や予算について遅れるマネジャーは許さず、期日どおり行うよう徹底して言い続けました。

業績の進捗を週次でレビューし、社内の全員で状況認識をほぼリアルタイムで共有していれば、個々がやるべきことが見えやすくなります。そのため各部門が協調して動きやすくなり、全体のスピードが上がるのです。

予定が先々まできっちり決まっていたら、窮屈で柔軟性がないのではと思う人もいるかもしれませんが、その逆です。やるべきことをやるべきタイミングで確実にやっていたら、余裕が生まれるのです。結果、不測の事態にも機動的に対応できるようになります。たとえば、急に「中国の四川省の奥地でFC展開の大きなチャンスがある」というような話が舞い込んだとき、僕は必ず予定を調整して現地に行きました。それだけ余裕と柔軟性ができていたからです。

そもそも、経営者には余裕がないといけません。重要な判断をするべきときに、きちんと判断に時間を使えなければならないからです。

また、いざというとき、社員にとって一番強力な助っ人になる必要があるからです。忙しさに追われて余裕をなくしていてはいけないのです。マネジメントに携わる人や、将来そうなりたい人は、まず時間の使い方を見直しましょう。

価値は会議室では生まれない。価値が生まれる場所を意識しよう

時間の管理を徹底してきたおかげで、ディッキーズの事業が日中ともに軌道に乗ってからは、僕は暇になりました。

もちろん社長という職業柄、人に会う用事は多いものの、以前のように駆けずり回る必要がなく、その日に必要な業務を1、2時間で片付けるだけで概ね事足ります。大事な判断や緊急の要件に時間を使えるように余裕を持ち、毎日欠かさずジムに行って健康維持に努めていました。

「どうすれば時間を効率的に使えるようになりますか」と社員や後輩に聞かれることがあります。時間管理のヒントを伝えることがこの本の主旨ではありませんが、時間の使い方はあらゆる人にとって極めて重要なテーマなので、いくつか僕が大事にしているポイントを挙げてみます。

- だらだらやらない。……やることに自分で期限を決めて、それまでに必ずやり切ることです。当たり前と言われるでしょうが、多くの人は一つ一つの仕事をつい、だらだらとやってしまい、それが積み重なって非効率になるのです。「この仕事、どうしようかな」「あの上司にどんなふうに伝えようかな」と悩み、手を動かさないまま、行動しないまま時間が過ぎていることがないでしょうか？　打ち合わせは終わっているのに世間話が長引いて予定時間をオーバーしたことがないでしょうか？　今日やろうと思っていたことが終わらず、安易に先送りしてしまうことがないでしょうか？

- その場で決められることはすぐ決める。……たとえば、ミーティングをして「それぞれ持ち帰って検討し、また相談しましょう」となったときは、次回のアポイントをその場で決めること。「今決められることは何か」を意識し、決められることは早め早めに決めていくことが大事です。

- ツールを活用する。……予定をいちいちメモしたり覚えたりするのは大変です。タスク管理ツールを活用しない手はありません。個人の好みや慣れもあると思いますが、自分に合ったツールを見つけ、徹底して使うこと（あれこれ使っても徹底しないのでは意味がありません）。僕の場合は昔からマイクロソフトのアウトルックを使ってスケジュールもＴｏＤｏも管理しています。自分にリマインドの通知を出せるので便利です。

- 仕事の相手にもリマインドする。……自分が早めに仕事を進めても、チームメンバーや相手先の動きが遅れると、こちらの仕事も遅れてしまいます。適当なタイミングで同僚や取引先にもリマインドを行いましょう。たとえば、お互いに資料を用意して臨む打ち合わせの場合、２日前に「当日はよろしくお願いします」と伝えておけば、相手が準備を忘れてしまうリスクは減るでしょう。おせっかいのようですが、こちらがその仕事を重視していることも伝わります。

- 無駄・無意味な作業をしない。……社内で使う書類の細部が気になって、その修正に時間をかけすぎてしまったことがないでしょうか？　日本人にありがちですが、気を使いすぎて必要以上のことをしている例は多いと感じます。書類がいかに綺麗でも必要な情報が漏れていたら論外です。本当に必要なことは何なのか、その仕事で重要なことは何かを考える癖をつけましょう。

- 無駄な会議をしない。……とにかく会議には無駄が多いものです。大勢が集まり、メールやチャットで報告すれば済むことをだらだら話し合い、何も決まらずに終わる、といった会議をしている会社は多いようです。わざわざ会議をする必要があるのか、他の手段で済むのではないかを考え、なるべく会議をしないよう心掛けましょう。

社員に対して僕が常々伝えていたのは、「価値の生まれる場所を意識しろ」ということです。仕事において時間の使い方がまずい人は、これを意識していません。価値を生むところに集中せず、価値を生まないところにだらだら時間をかけてしまうのです。

たとえば、店舗なら商品のディスプレイや接客する場が「価値の生まれる場所」ですが、価値が生まれるのは販売の現場に限りません。たとえば、ECならサイトの写真やデザインや文言やインターフェース。コールセンターなら一つ一つの顧客対応。経理の仕事をする人なら帳票の確認のため関係者に問い合わせる場面などが現場と言えるでしょう。生産管理に携わる人が、工場で問題が起きたと報告を受けたとします。状況は聞いたものの細部がわからず対応が難しい。そんな場合、会議室で議論しても何の助けにもなりませんが、工場の現場に行けばすぐに解決することがあります。

価値が生まれる所に意識を向け、そこに関わる仕事に取り組むこと。会議室にいるだけでは価値は生まれません。

自由になりたければ、実力をつけるしかない

時間をうまく使えるようになればそれだけ余裕が生まれますが、仕事の実力をつければそれだけ自由度が高まります。

単純な話で、自分で稼げる力があれば、会社に縛られる必要もありません。ディッキーズがＶＦに買収され、経営の自由度がなくなると感じた僕は、辞めることを決めました。辞めてもやっていける実力がついていたから、自分の自由を守る選択をすることができたのです。

自分の人生は自分でコントロールするべきものですが、そうするためには実力をつける必要があります。スキルを身につけ、キャリアを積み、自分の実力が増すにつれてより自由になっていく。そういうものです。

言い換えれば、自由になりたかったら実力をつけるしかありません。

昨今、就職・転職活動において「やりがい」を重視する人が増えています。

仕事の自由度や裁量の大きさは「やりがい」に影響するようですが、組織や社会の中で自分の意志や判断で物事を動かしたり、行動したりするためには、実力をつけて人に認められなければなりません。それがないまま、自由や裁量を求めている人もいるのではないでしょうか。実力をつける努力をせずに、「上司の指示が細かい」「自由にやらせてもらえない」と愚痴をこぼしたりしていないでしょうか。

今日の日本には、努力することを「非効率」と軽んじるような風潮が広がっているように思います。「根性」などという言葉はまったく受けません。器用に転職を繰り返して上位のポジションへとキャリアアップしていくことをよしとする風潮です。

もちろん、効率よく仕事をすることは大切ですし、自分で主体的にキャリアを築いていくことも大切です。

とはいえ、地道な努力やトレーニングが無意味なわけではありません。器用にキャリアアップを果たしても、実力が伴っていなければ本末転倒です。

ボストンコンサルティンググループ（ＢＣＧ）の創業者の一人、ブルース・ヘンダーソンが生み出した、「経験曲線（エクスペリエンス・カーブ）」というものがあります。累積生産量が増えるにしたがって単位あたりの生産コストは下がるという理論で、簡単にいえば、経験を積むことで一つの仕事にかかる労力が減るということです。

僕はディッキーズの日本法人を立ち上げて間もない頃は夜中まで必死に働いていましたが、同じ仕事でも経験を積むにつれて必要な時間は短くなりました。経験の蓄積によって効率が高まるのです。「量が質に転化する」とも言えるでしょう。

野球選手のイチローは高校時代に365日、毎日素振りを続けたそうです。天才と思えるイチローのような選手でさえそうなのです。スポーツでもビジネスでも、ほとんどの人は天才ではなく、練習によって上手になるものです。地道に努力し、経験を蓄積することで、その小さなことの積み重ねが実力になっていく。そのことを忘れてはいけません。

ディッキーズの社員には業界未経験で入社した人もいましたが、やるべきことを日々徹底することで実力をつけ、安心して店舗を任せられる店長になった人もいます。財務諸表が読めないどころかエクセルの使い方も知らずに入社してきた社員が、経験を重ねて実力をつけ、中国法人の社長になった例もあります。

一方で、有名大学卒のビジネスエリートが、地道な努力ができず伸び悩み、去っていったこともありました。

努力することの価値を正当に評価したい。「量が質に転化する」「地道な積み重ねが力になる」という考えの下、ディッキーズでは、おおまかに言えば次の2軸・4象限のマトリックスで人事評価を行っていました。

①成果を出していて、努力している人
②成果を出していないが、努力している人
③成果を出しているが、努力していない人
④成果を出しておらず、努力もしていない人

それぞれに経営側としてどう対処するか。まず、①の人にはさらなるチャンスを与え、引き続き活躍するよう促します。②の人はやがて成果を出すと信じ、努力を続けるように応援します。③の人は、努力しないのはよくないですが、成果を出している限りは許容します。

なお、④の人には離職を勧めます。成果が出ていないのに努力する意欲がわかないなら、この会社には向いていないということだからです。冷たいと思う人もいるようですが、僕はむしろ本人のためになると思ってそうしてきました。成果が出ない、努力もしない、と

いう状態に慣れてしまえば、その人は以後も良いキャリアを築けないでしょう。後ろ向きの生き方をしてほしくないから、僕はそのような人には他の仕事を探すよう勧めてきました。

経営者時代を通して採用活動を行い、人材育成に深く関わってきた中で思うのは、人の成長を決める最も大きな要素は「素直さ」ではないかということです。学歴など関係ありません。器用さも関係ない。優れた先輩を見て「こんなふうになりたい」と憧れたり、真似をしたり、わからないことを聞いたり、学んだことを愚直にやり続けたり……そんな素直な人が、いちばん大きく伸びていくように思います。

小さな成功を積み重ねてあきらめない心をつくる

今でこそ経営者としての実績を重ね、大手企業のお手伝いをさせていただいている僕ですが、過去にさまざまな失敗をしてきたことは既に述べたとおりです。

実は、カート・サーモンでコンサルティングの仕事をしていた頃、僕はプレゼンテーションが大の苦手でした。

ミーティングでは遠慮なく発言し、議論は昔から得意と自覚していたのですが、人前に立ってプレゼンするとなると、とたんにダメです。紙に書いたことを読み上げるような調子になってしまっていました。

あるとき、某外資系メーカーとの仕事でプレゼンをすることになりました。クライアント側の社長やマネジャーら10人ほどと、パキスタン系イギリス人の上司アティフが居並ぶ中、僕はスクリーンにパワーポイントのスライドを映しながら、緊張してプレゼンを行いました。

会議が終わった後でアティフに言われました。

「真也は良い仕事をしたけど、プレゼンによって価値を半減させたな」

ショックでした。提案内容にはクライアントから感謝されたものの、その人たちの表情が冴えなかったのは、僕のプレゼンに退屈し、うんざりしていたのでしょう。

呆然とする僕に、アティフは励ますように言いました。

「Be a cock!」

スラングですが、「男になれ」「自信満々で行け」というような意味合いです。

不思議なことに、その一言で何か吹っ切れて、僕は変われました。遠慮せずに堂々とやればいいんだ、と開き直ることができたのです。

それまでの僕は、伝えるべきことを正確に伝えることにこだわっていました。敬語や言葉遣いにも過剰に気を使い、ミスを恐れていました。アティフのひと言（ちなみに通常、職場では口にするべきではない性質のスラングです）が、そんな姿勢を崩してくれたのでしょうか。少しぐらい表現が粗くても構わない、普段話しているのと同じ調子で、伝えるべきことを強く語ればいいのだ、と思うことができたのです。

次のプレゼンの機会に、僕は気心の知れた仲間に話しているつもりで堂々と話し切ることができました。それからはプレゼンへの苦手意識が消えました。

数年後、一緒にメーターズボンウェイの経営陣に加わったアティフは、僕のプレゼンを見てひどく驚きました。

「信じられない。いつからそんなにプレゼンが上手くなったんだ?」

あのとき、アティフが僕のことを認め、励ましてくれたおかげで今の自分があるのだと思います。

僕がこの本を通して、成長をあきらめる理由はない、地道な努力が成功につながると語っているのも、僕自身が人から励まされ、そのおかげで変われたり、あきらめずにやり切ることができた経験があるからです。

どんな人でも、小さなことの積み重ねによって変化し、成長していくことができると僕は信じています。個々人がそうすることによって、また互いにそれを促し、称え合うことによって、人も組織も伸びていけるのだと思います。

あるとき、ディッキーズと取引のある商社の人から、「御社のスタッフはすごいですね。現場の営業スタッフの人でも商品の利益率や事業の状況を詳しく把握していて、ビジネスの話ができる」と驚かれました。人材育成に力を入れ、コンピテンシーや丁寧な評価制度で社員の成長を促してきた結果です。

入社した当時は「ファッションが好き」というだけで、ビジネスのことなど何もわかっていなかった、特に学歴が高いわけでもないスタッフが、数字に細かいディッキーズの職場環境についていこうと地道に努力し続けた結果、高学歴の商社マンに感心されるほどビジネスの話ができるようになる。そのぐらいの成長は、ディッキーズでは当たり前に可能なことでした。

いきなりマラソンが走れる人はいません。

1キロ、5キロ、10キロと徐々に距離を伸ばして、やがて42・195キロを走れるようになるのです。「マラソンなんて自分には無理だ」と思っている人でも、トレーニングすればきっと走れるようになるでしょう。

まずは1キロでも走ってみること。そこからしか始まりません。

経営に携わる人は、社員にまず1キロでも「走ってみなよ」と促すこと。

走り切れたら、その小さな成功を称え、少し先の目標を示すこと。

その積み重ねの先に、いつかびっくりするほど大きなことができるようになるのです。

可能性を信じよう。人にも会社にも、あきらめない限り未来がある

この本の冒頭で触れたように、今の日本には、成長することへのあきらめや、無気力や、斜に構えた態度が蔓延しているように思います。

「経済成長は要らない」とか「名誉ある衰退の道を行けばいい」とか「皆で心豊かに貧しくなろう」などと言う評論家がいます。

人や社会の可能性を信じられず、衰退が何をもたらすか真面目に考えようともせず、真摯に働くことや努力することを冷笑し、無責任にそんなことを言う。愚かとしか言いようがありません。

成長をあきらめ、本気で仕事に取り組まず、生活がどんどん貧しくなって、自由にできることは少なく、不平不満にまみれて過ごす。そんな人生を生きたい人などいるでしょうか。それが嫌なら、自分の求める人生を生きたいなら、人はつねに成長しなければなりま

せん。

自分の人生を生きるために、小さなことからでも挑戦し、少しずつでも成功体験を積み重ね、やるべきことを愚直にやり続ければ、きっと誰でも道が開ける。

僕はそうやってきましたし、日本でも中国でも、目立った学歴や経験がなくても、そうやって道を開いてきた人をたくさん見てきました。

よりよい暮らしを目指して猛烈に働く中国の若者たちや、本気で顧客に向き合うディッキーズのスタッフの生き生きした目。彼らの真摯な眼差しに仕事の中で触れてきた僕には、メディアで「経済成長は要らない」などと能天気に語っている評論家の目は、死んだ魚の目のように見えます。

人間は基本的に、明日は今日よりも良くなる、明るい未来があると思えるからこそ、幸せに生きていけるものだと思います。人がそう思えてこそ、社会は発展していくものだと思います。

もちろん、個々の企業にも、日本経済にも、さまざまな課題や制約はあります。が、歴史を見れば、人はこれまで多くの困難を乗り越えてきました。これからも、人にも会社にも社会にも、よりよい未来は創れるはずです。あきらめなければ。

僕がこの本でお伝えしてきたことは、本質的にどれも、当たり前のことばかりです。経営者なら、会社がどうありたいのか、どんな会社になりたいのかを考え、そのためにやるべきことをしっかり考え、徹底的にやり切ること。人の可能性を信じ、人に投資すること。成長をあきらめないこと。世の中で長期的・持続的に成長してきた会社の経営者は必ずそうしています。

個人の人生についても同様です。自分はどう生きたいのか、どんな人間になりたいのか。そのために何をするべきかを考え、具体的な行動を起こし、やり続けること。世の中で大きなことを成し遂げた人はもちろん、平凡でも充実した幸せな人生を送っている人はみな、自らの生き方に真面目に向き合い、本気で生きてきたに違いありません。

一方で、そんな「当たり前」のことを怠ってきた人やできなかった人が大勢いて、今からでも遅くないのに姿勢を正さず、会社にぶら下がりながら愚痴ばかり言うような存在に堕ちていったり、「成長は要らない」などと言ってあきらめムードをまき散らしたりしているのです。

読者のあなたはどちらの人生を生きたいでしょうか。答えは自明でしょう。

あきらめない限り、未来はあなたの手の中にあります。

おわりに

学生時代、僕は漠然と政治家に憧れを持っていました。旧来のさまざまな仕組みが機能不全に陥っている状況を変え、皆が豊かに前向きに暮らせる社会をつくりたい。そんな思いから、勉強会をつくって友人たちと青臭い議論をしていました。

紆余曲折あってアパレルの世界にいる自分を、当時を知る人はちょっと意外に思うようですが、本質は変わっていません。皆が豊かに前向きに暮らせる社会をつくる。その手段は多種多様に存在し、僕にとってはアパレルビジネスがその手段なのだと思います。

アパレル業界はさまざまな歪みを抱えた日本社会の縮図です。

本書でお話ししてきたように、歪みに満ちた業界において、ビジネスの真っ当なあり方、本来あるべき経営の姿を青臭く追求してきたことが、ディッキーズの高業績をもたらしました。

当たり前に大切にするべきことを大切にし、やるべきことを徹底してやり切ること。このことが今、他の業界や日本社会のさまざまな分野でも求められているはずです。本書をお読みになって、あなたが少しでも参考になることや実践したいことを見つけられていたら嬉しく思います。ぜひ行動に移してください。

どんな業界の、どんな立場の人であっても、信念と希望を持って働く人の地道な一歩の積み重ねがビジネスを前進させ、ひいては社会を変えていきます。僕たち一人ひとりの仕事が、未来の社会づくりにつながっている。そのことを忘れずに、それぞれの分野で前向きに歩んでいきましょう。

「やるべきことが決まったら執念をもってとことんまで押しつめよ。問題は能力の限界ではなく執念の欠如である」（土光敏夫）

２０１９年1月　神戸にて

平山真也

［著者］

平山 真也
Shinya Hirayama

グローバル・コマース・イノベーション・リミテッド
マネージングディレクター
株式会社 UnitedlyEC 取締役会長

1978年、大阪府生まれ。ベイン・アンド・カンパニー、リクルートを経て、2002年よりカートサーモンアソシエイツにて大手小売や消費財企業に対するコンサルティングを手がける。2006年、中国の大手アパレルブランド Metersbonwe の戦略担当役員に就任し、同社の経営再建に従事。2008年、アメリカのアパレルブランド、ディッキーズの中国法人の立ち上げに副社長として参画。2011年にディッキーズ日本法人を立ち上げ、社長に就任。1年目より黒字化を実現し、その後も大幅な増収増益へと導く。2013年3月に北アジア社長、北アジアプレジデントに就任。日中両国で飛躍的な成長を実現し、売上高は2017年まで平均45%の成長、6年間でほぼ10倍となった。2018年4月に退任し、グローバル・コマース・イノベーション・リミテッドを設立、アパレル・小売企業向けの経営コンサルティングおよび経営戦略実行支援・代行を行っている。ディッキーズ・チャイナでECの急成長を実現した経験を活かし、越境EC事業を行う株式会社 UnitedlyEC の取締役会長も務める。

[英治出版からのお知らせ]

本書に関するご意見・ご感想を E-mail（editor@eijipress.co.jp）で受け付けています。また、英治出版ではメールマガジン、ブログ、ツイッターなどで新刊情報やイベント情報を配信しております。ぜひ一度、アクセスしてみてください。

メールマガジン：会員登録はホームページにて
ブログ　　　　：www.eijipress.co.jp/blog
ツイッター ID　：@eijipress
フェイスブック：www.facebook.com/eijipress
Web メディア　：eijionline.com

成功に奇策はいらない

アパレルビジネス最前線で僕が学んだこと

発行日　2019 年 2 月 9 日　第 1 版　第 1 刷

著者　平山真也（ひらやま・しんや）

発行人　原田英治

発行　英治出版株式会社
〒150-0022 東京都渋谷区恵比寿南 1-9-12 ピトレスクビル 4F
電話　03-5773-0193　　FAX　03-5773-0194
http://www.eijipress.co.jp/

プロデューサー　高野達成

スタッフ　藤竹賢一郎　山下智也　鈴木美穂　下田理　田中三枝
安村侑希子　平野貴裕　上村悠也　桑江リリー
山本有子　渡邊吏佐子　中西さおり　関紀子　片山実咲

印刷・製本　中央精版印刷株式会社

校正　株式会社ヴェリタ

装丁　英治出版デザイン室

ISBN978-4-86276-272-6　C0034　Printed in Japan

ティール組織　マネジメントの常識を覆す次世代型組織の出現

フレデリック・ラルー著　鈴木立哉訳　本体 2,500 円

上下関係も、売上目標も、予算もない!?　従来のアプローチの限界を突破し、圧倒的な成果をあげる組織が世界中で現れている。膨大な事例研究から導かれた新たな経営手法の秘密とは。12 カ国語に訳された新しい時代の経営論、ついに日本上陸。

プラットフォーム革命　経済を支配するビジネスモデルはどう機能し、どう作られるのか

アレックス・モザド、ニコラス・L・ジョンソン著　藤原朝子訳　本体 1,900 円

Facebook、アリババ、Airbnb……人をつなぎ、取引を仲介し、市場を創り出すプラットフォーム企業はなぜ爆発的に成長するのか。あらゆる業界に広がる新たな経済原理を解明し、成功への指針と次なる機会の探し方、デジタルエコノミーの未来を提示する。

人を助けるとはどういうことか　本当の「協力関係」をつくる7つの原則

エドガー・H・シャイン著　金井壽宏監訳　金井真弓訳　本体 1,900 円

どうすれば本当の意味で人の役に立てるのか?　職場でも家庭でも、善意の行動が望ましくない結果を生むことは少なくない。押し付けではない真の支援をするには何が必要なのか。組織心理学の大家が、身近な事例をあげながら協力関係の原則をわかりやすく提示。

サーチ・インサイド・ユアセルフ　仕事と人生を飛躍させるグーグルのマインドフルネス実践法

チャディー・メン・タン著　マインドフルリーダーシップインスティテュート監訳、柴田裕之訳　本体 1,900 円

Google の人材はこの研修で成長する!――自己認識力、創造性、人間関係力などを大きく伸ばす、Google で大人気の能力開発プログラムを大公開。ビジネスパーソンのためのマインドフルネス実践バイブル。

なぜ人と組織は変われないのか　ハーバード流 自己変革の理論と実践

ロバート・キーガン、リサ・ラスコウ・レイヒー著　池村千秋訳　本体 2,500 円

変わる必要性を認識していても 85%の人が行動すら起こさない――?　「変わりたくても変われない」という心理的なジレンマの深層を掘り起こす「免疫マップ」を使った、個人と組織の変革手法をわかりやすく解説。

なぜ弱さを見せあえる組織が強いのか　すべての人が自己変革に取り組む「発達指向型組織」をつくる

ロバート・キーガン、リサ・ラスコウ・レイヒー著　中土井僚監訳、池村千秋訳　本体 2,500 円

ほとんどのビジネスパーソンが「自分の弱さを隠す仕事」に多大な労力を費やしている――。ハーバードの発達心理学と教育学の権威が見出した、激しい変化に適応し、成長し続ける組織の原則とは。自己変革のバイブル『なぜ人と組織は変われないのか』著者最新刊。